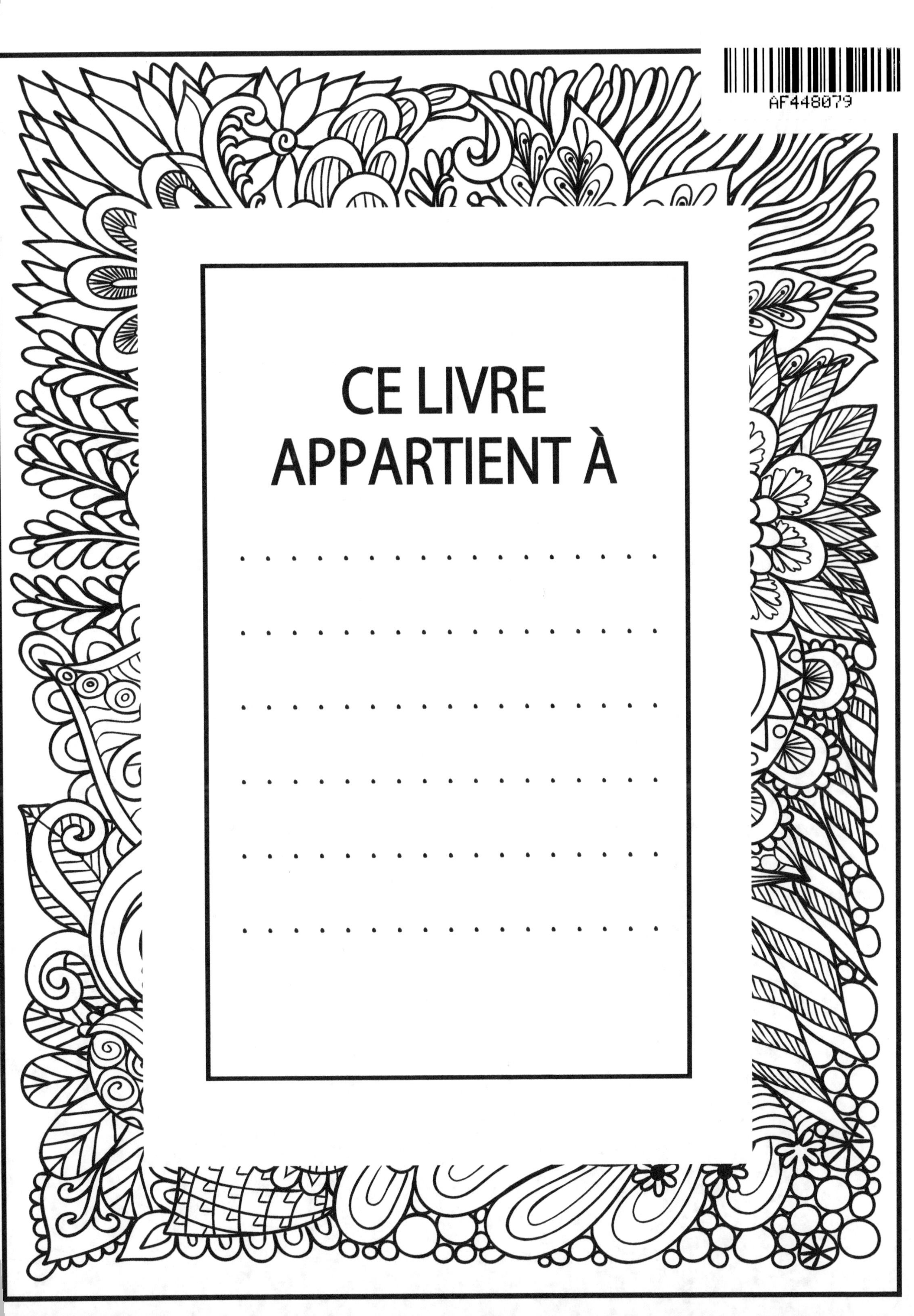

CE LIVRE
APPARTIENT À

COLOR TEST PAGE

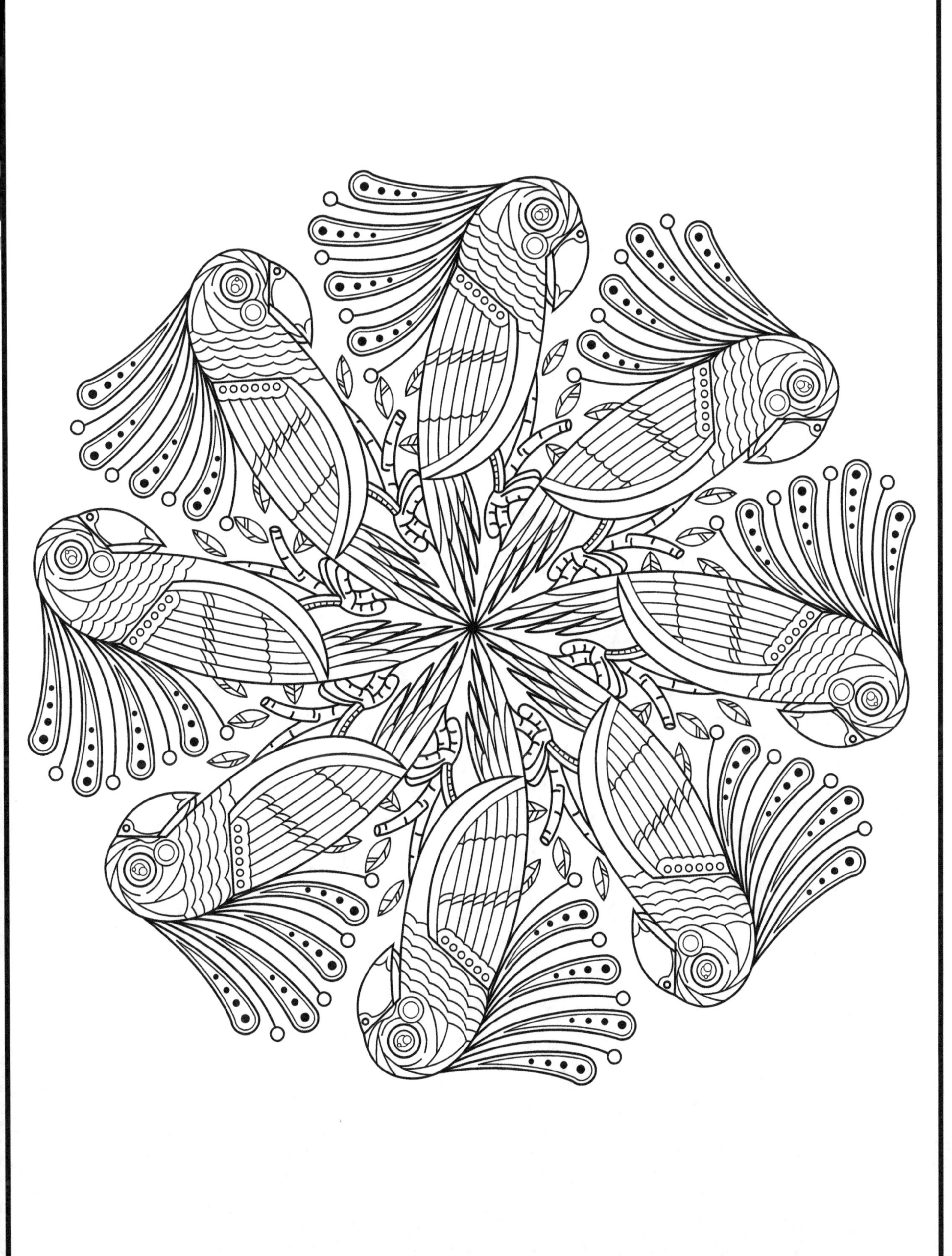

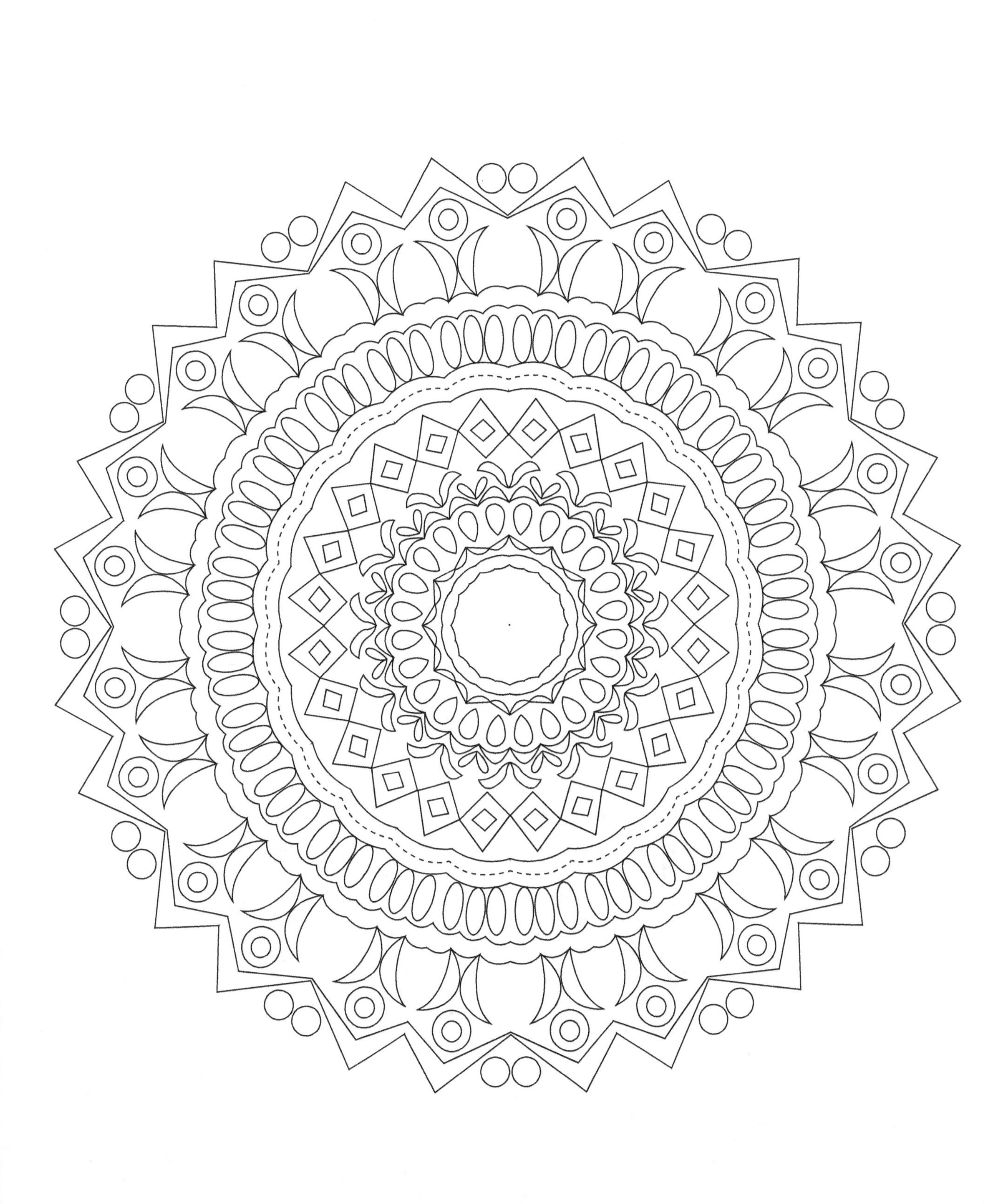

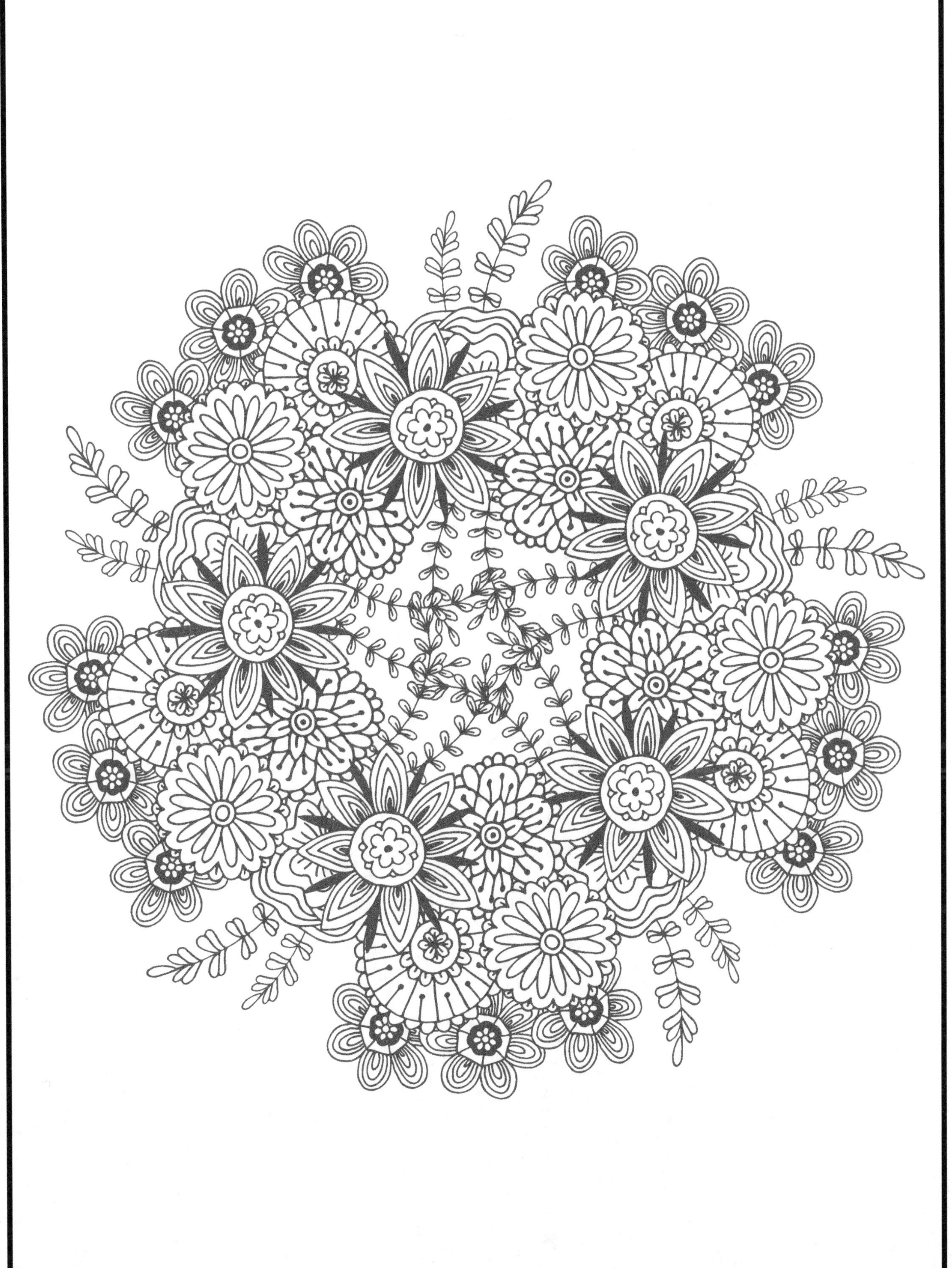

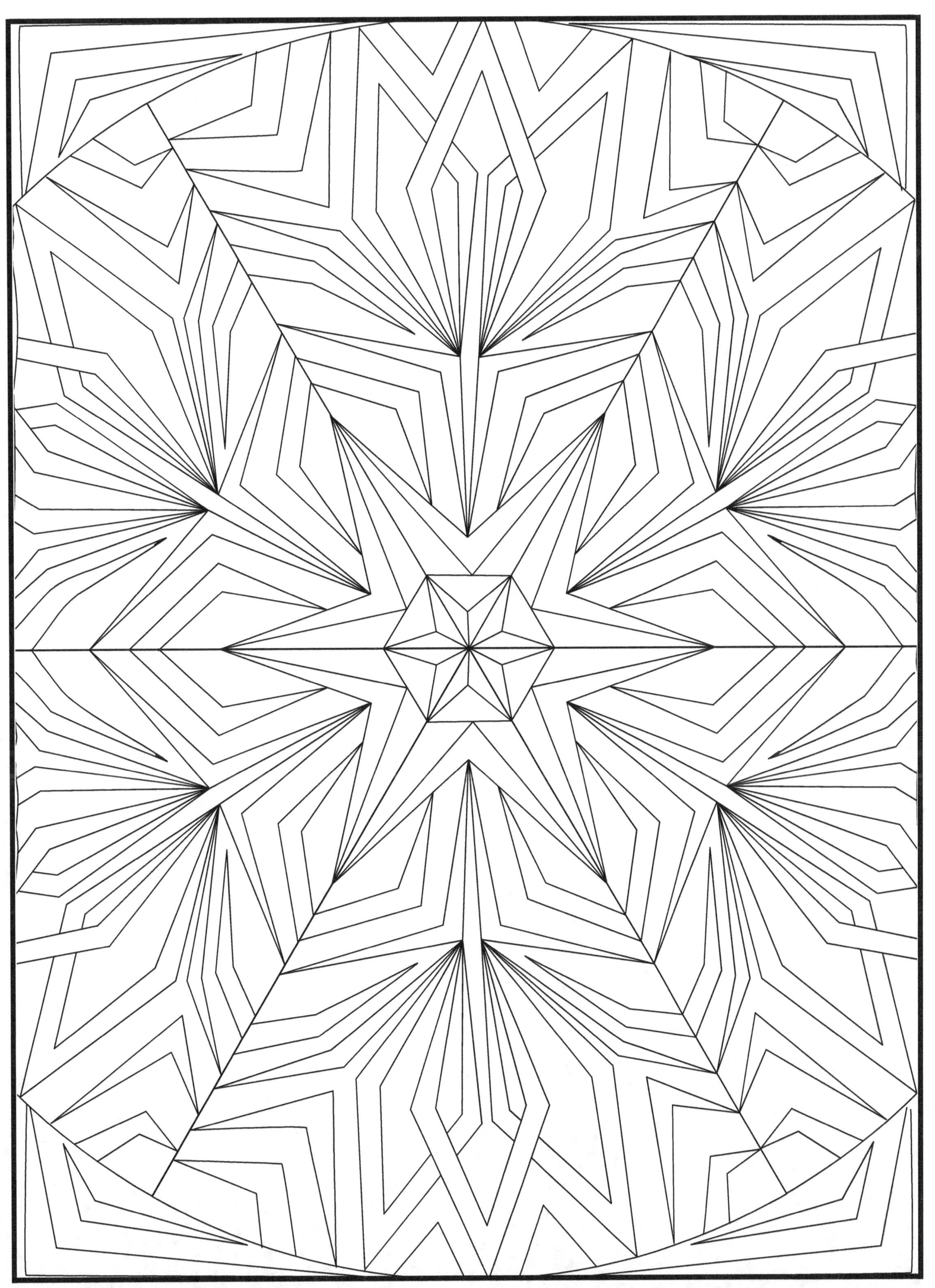

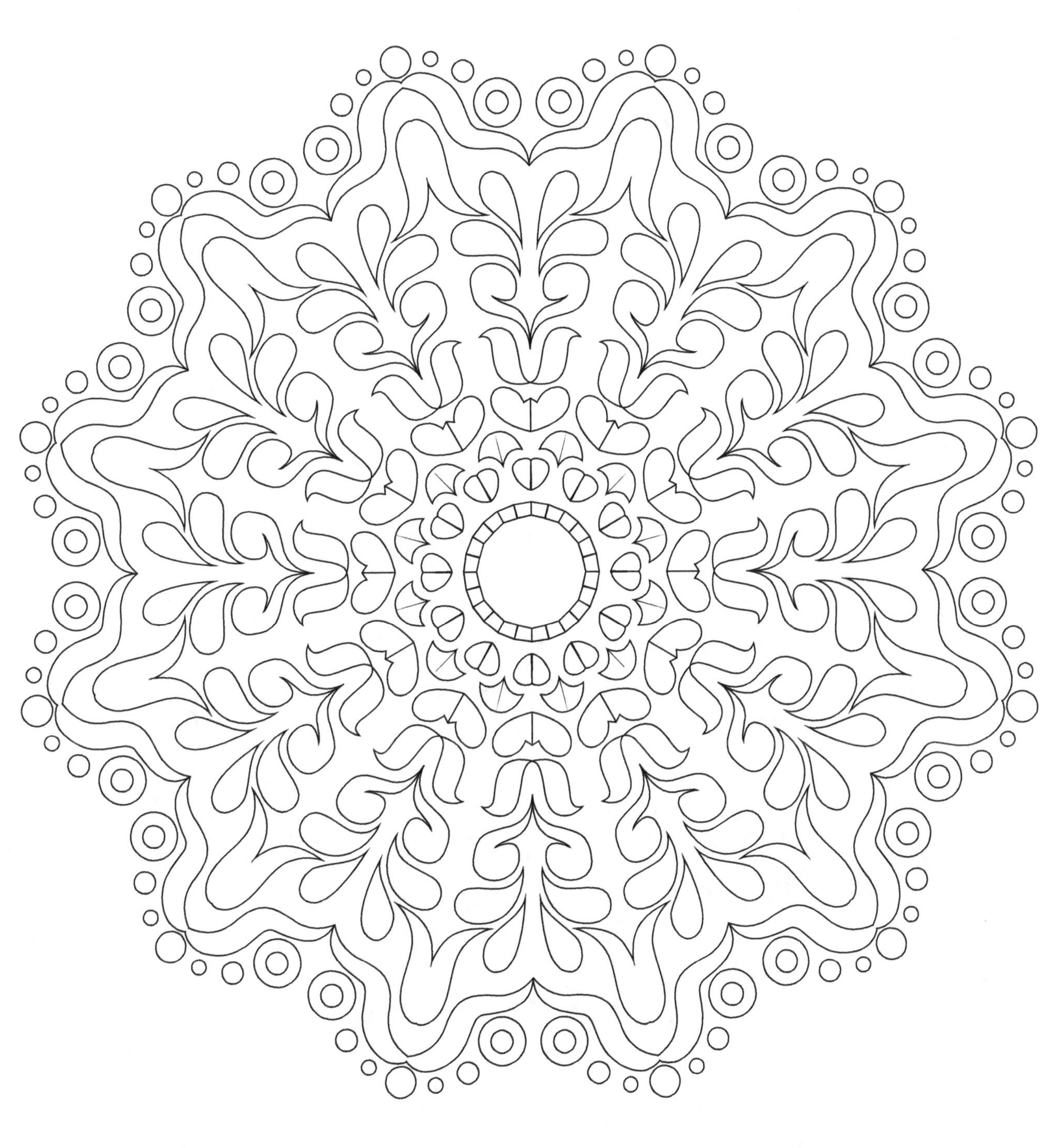

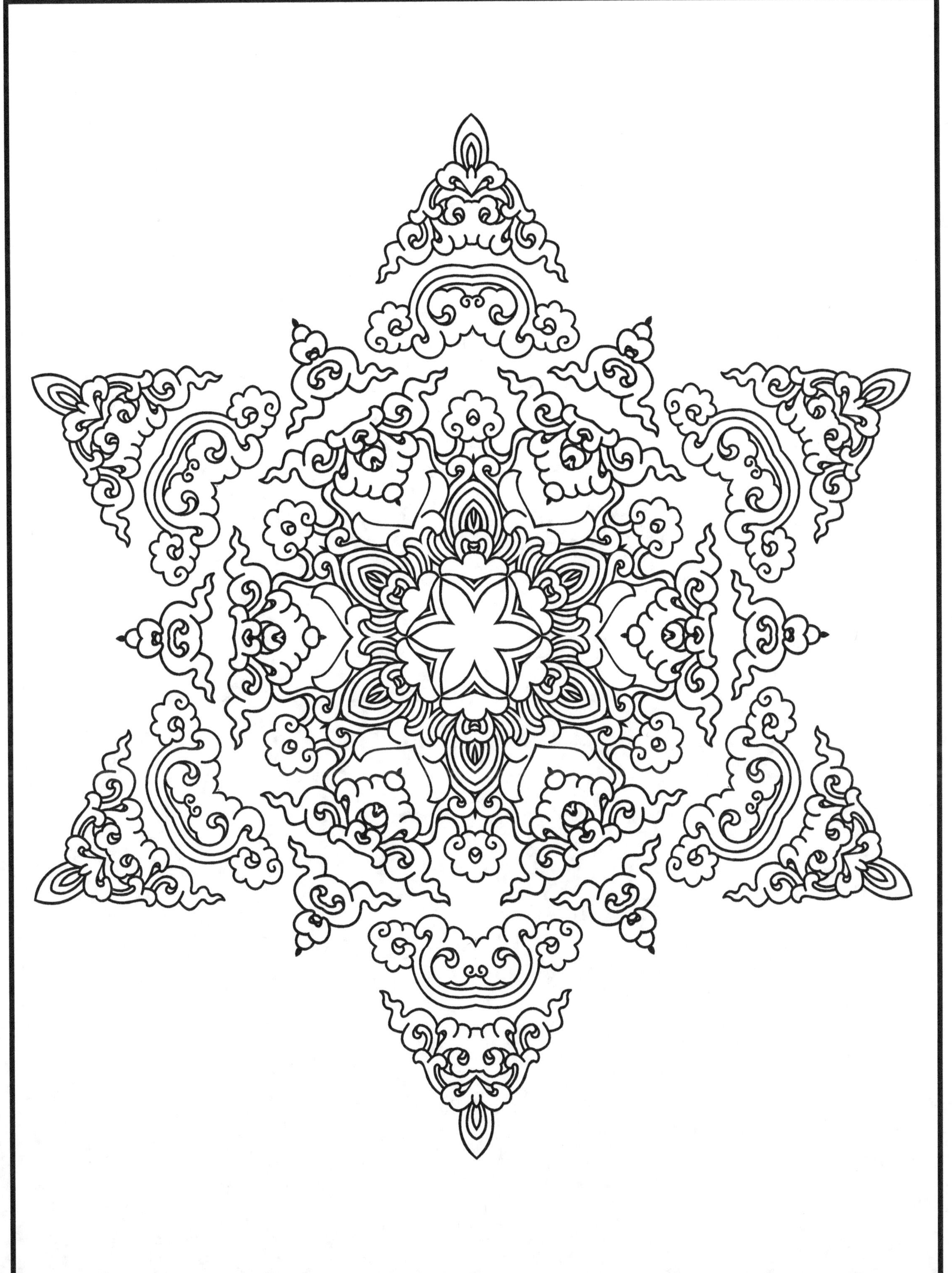

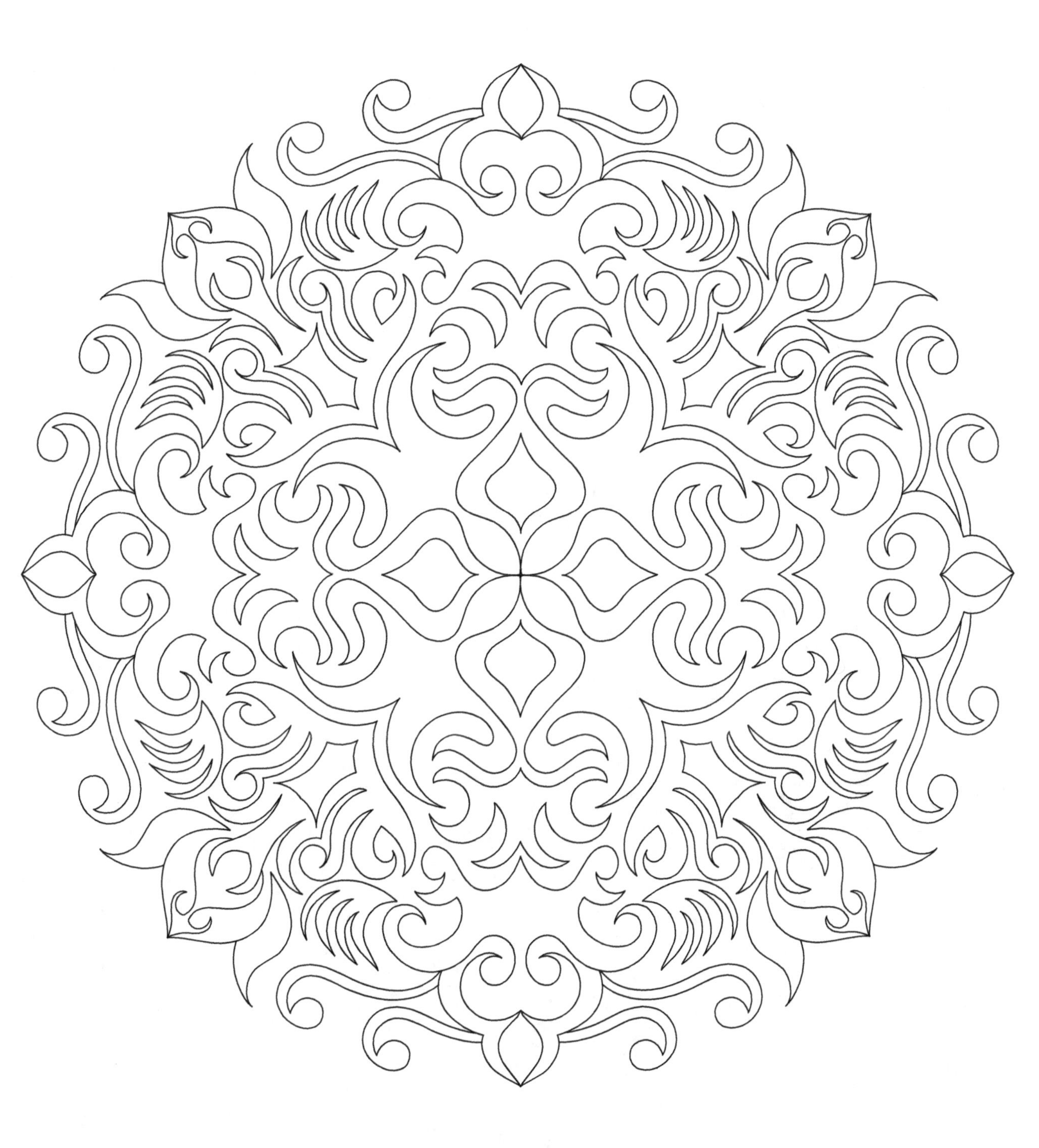

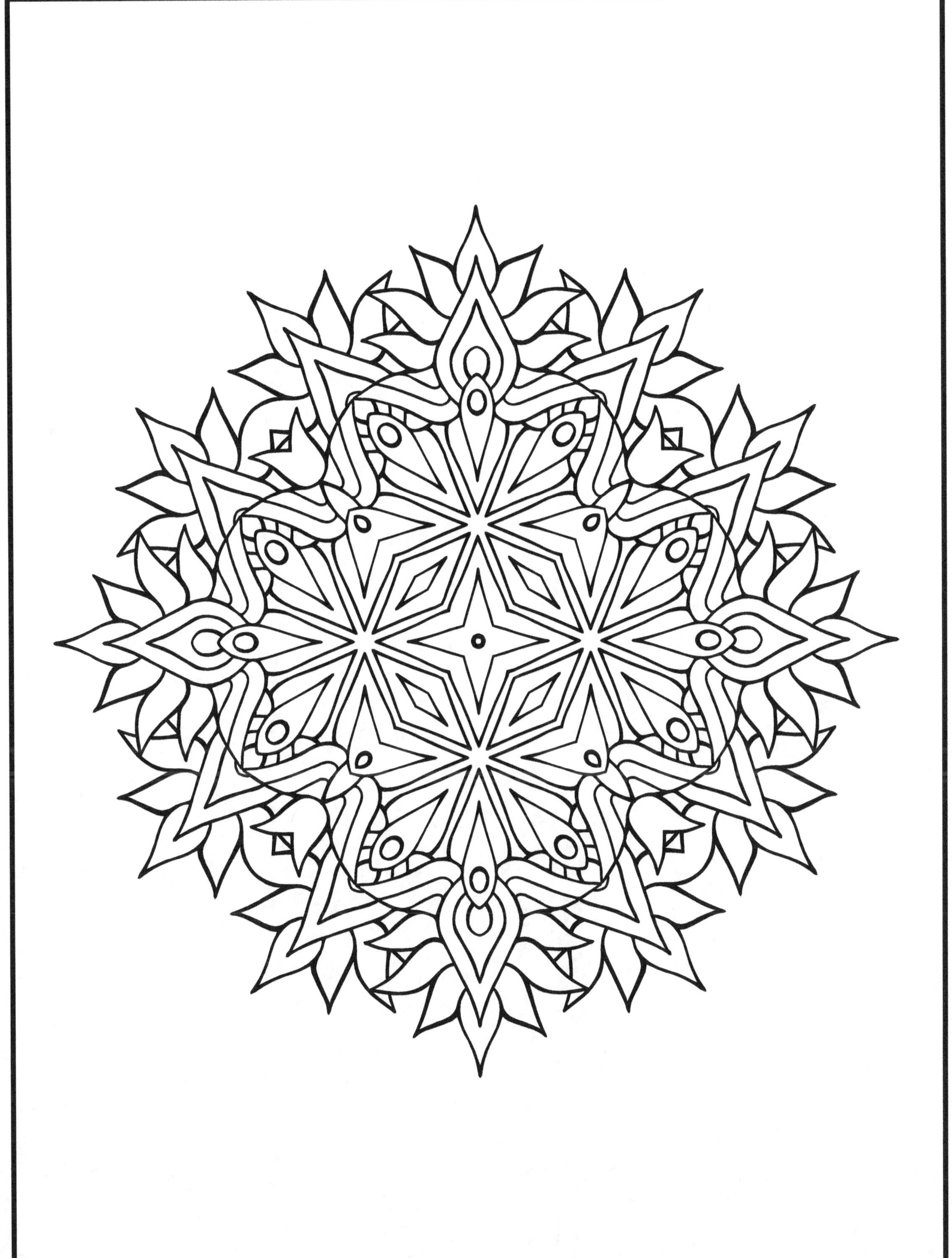

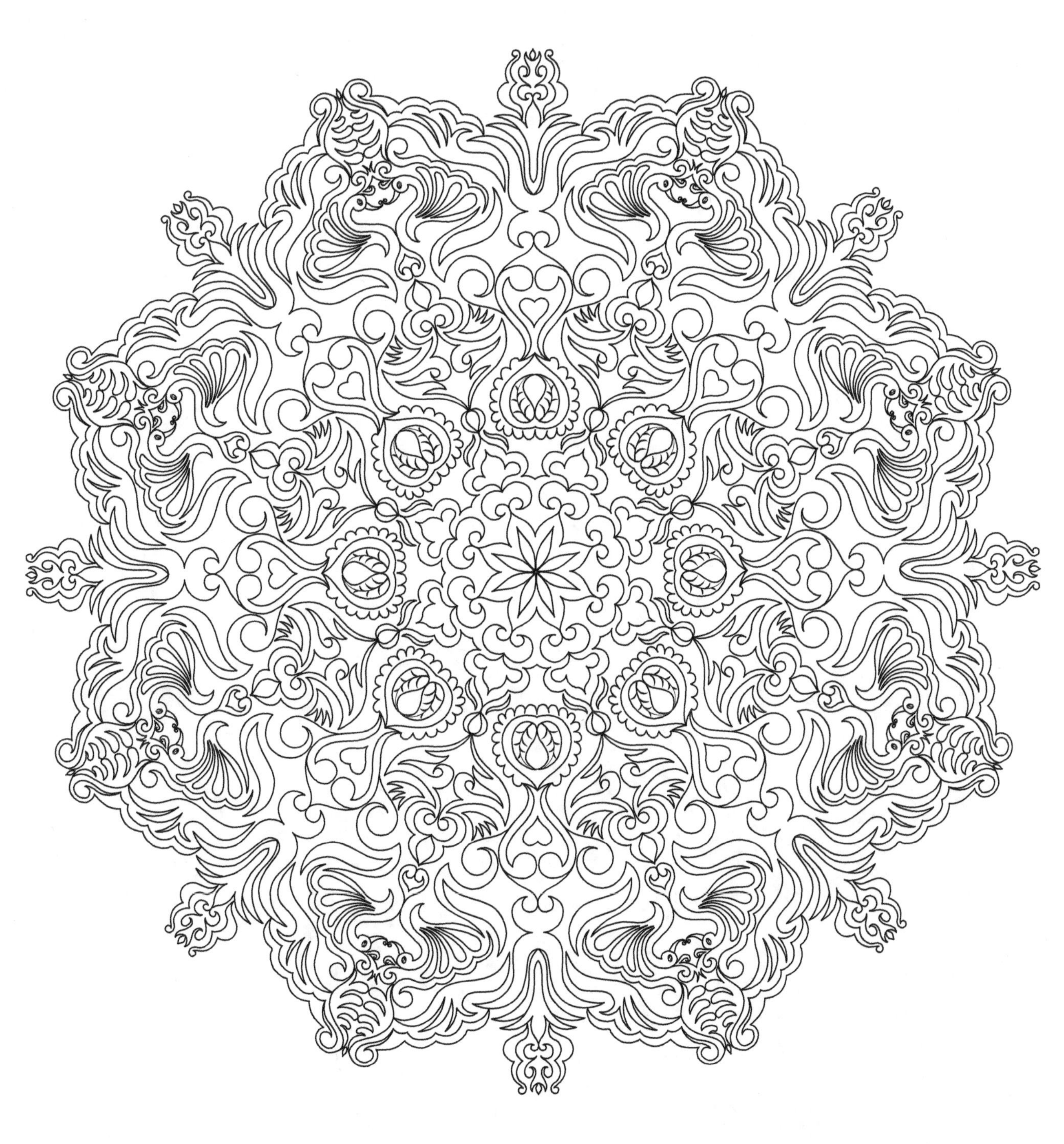

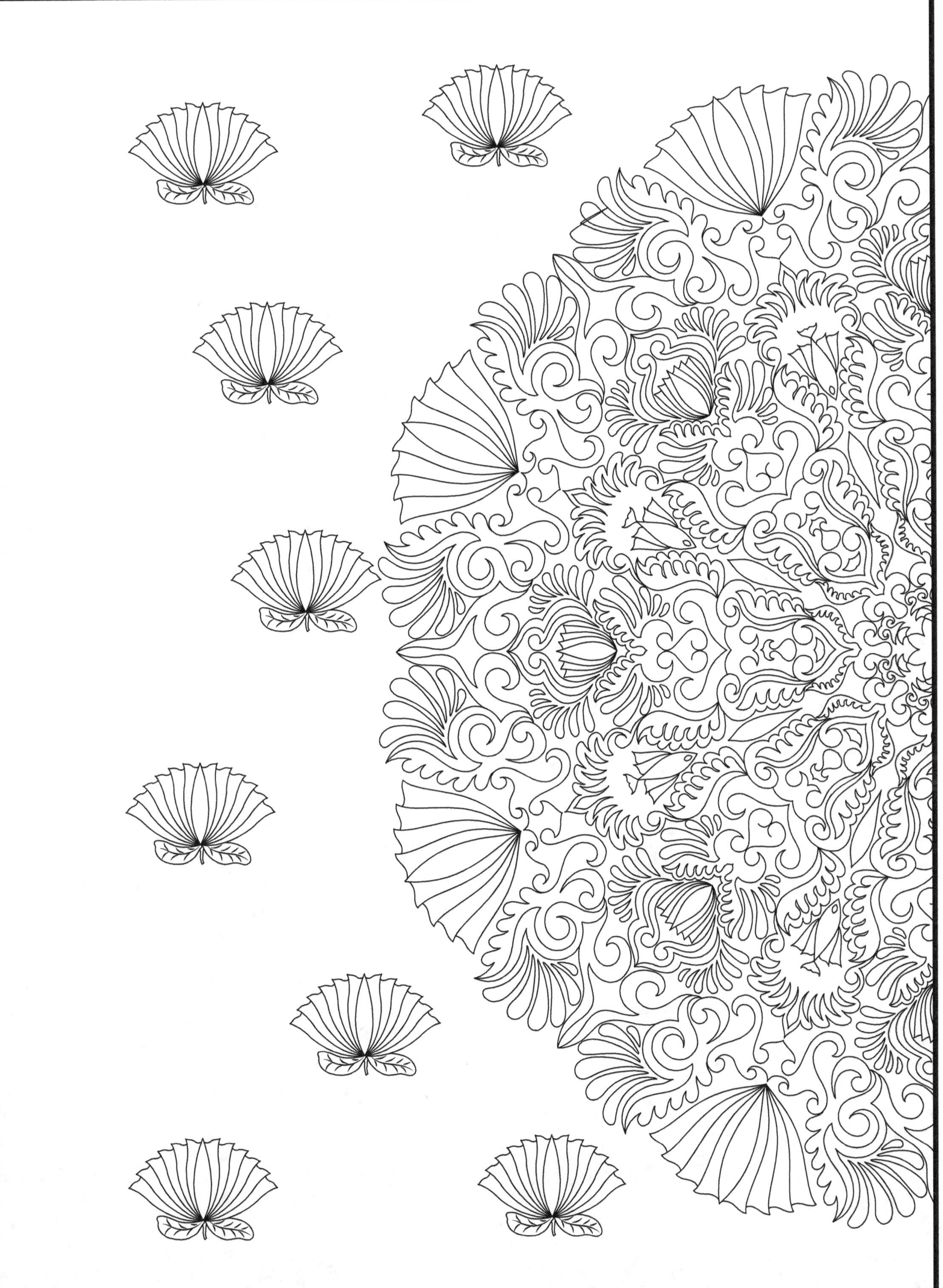

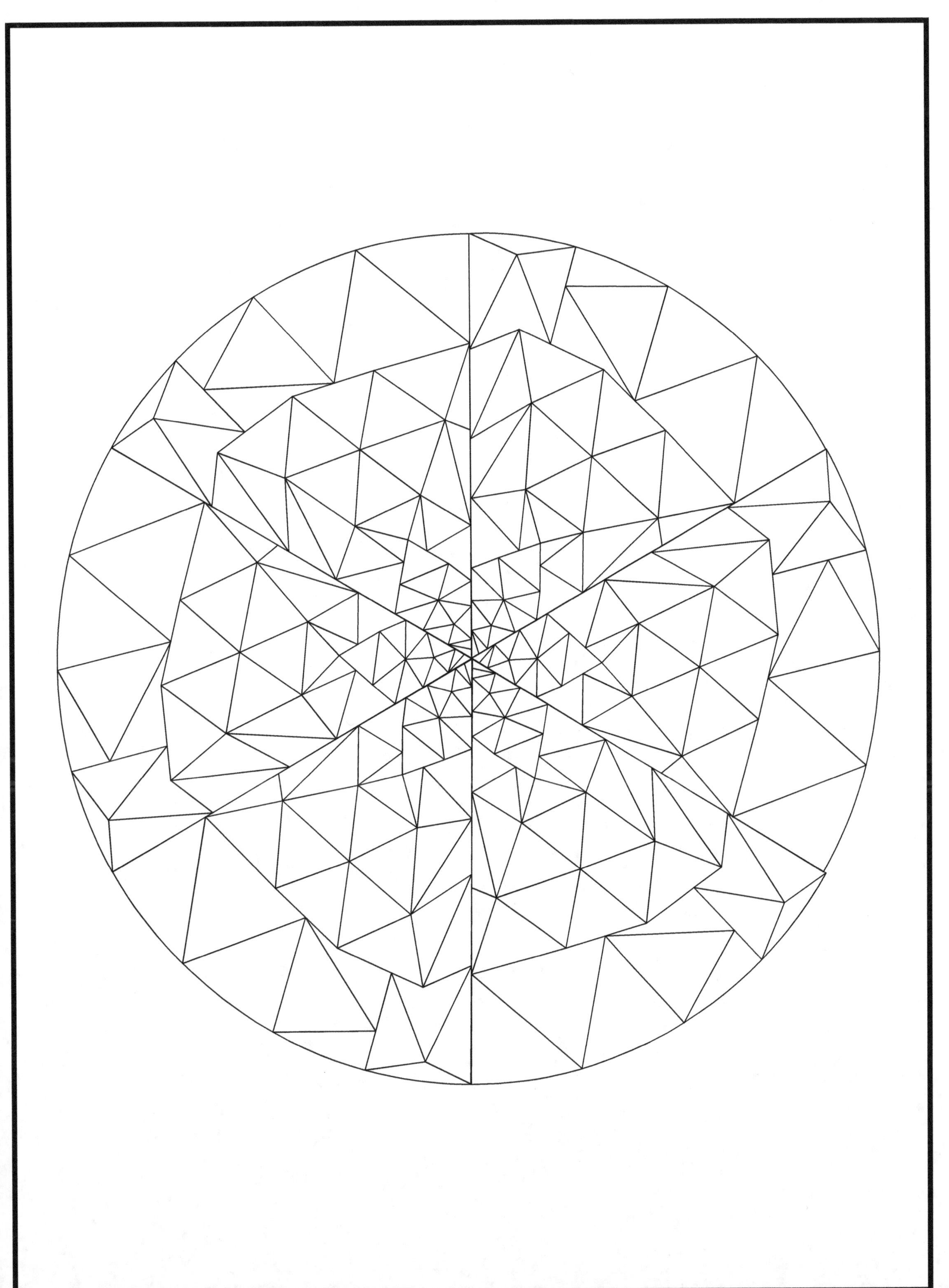

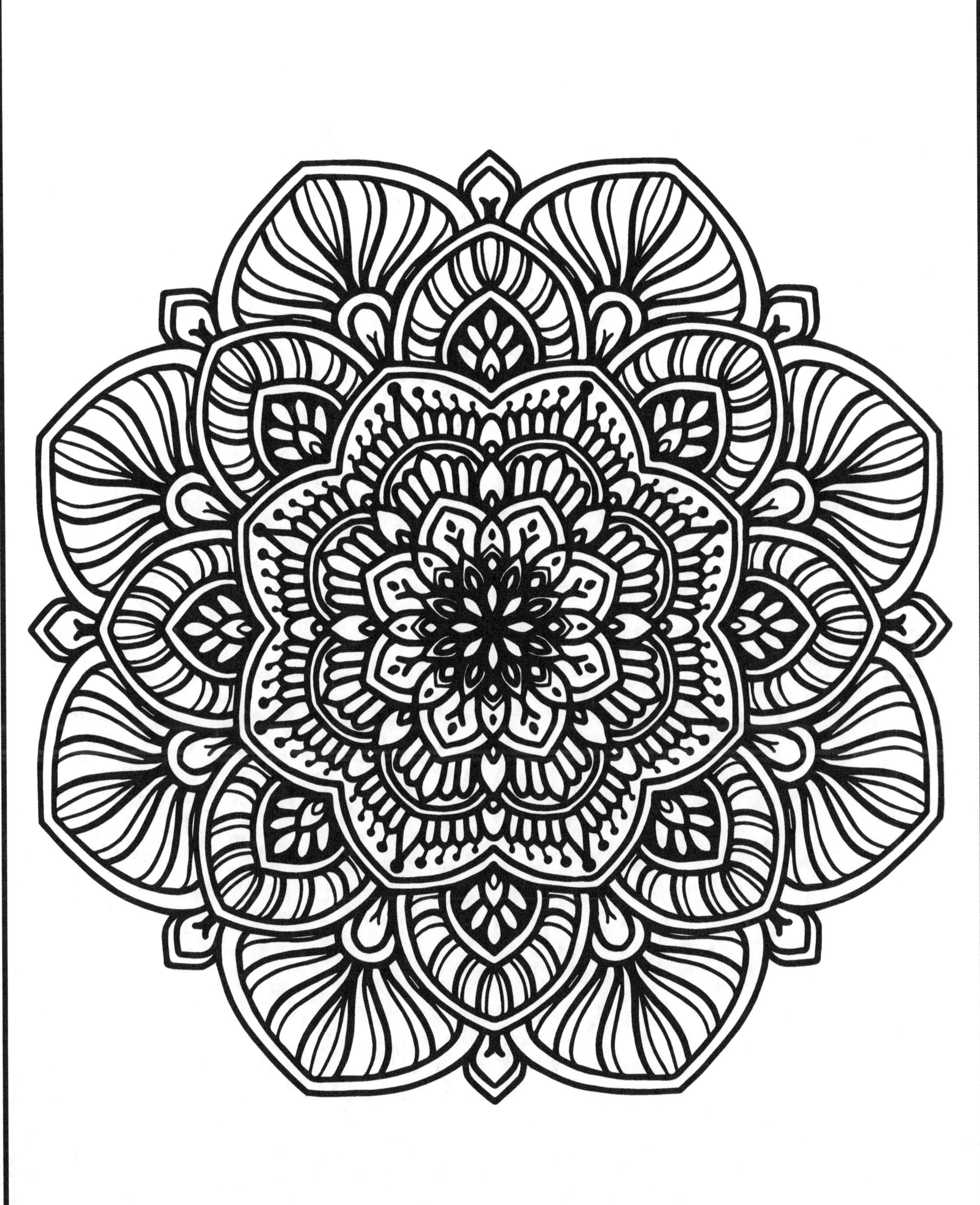

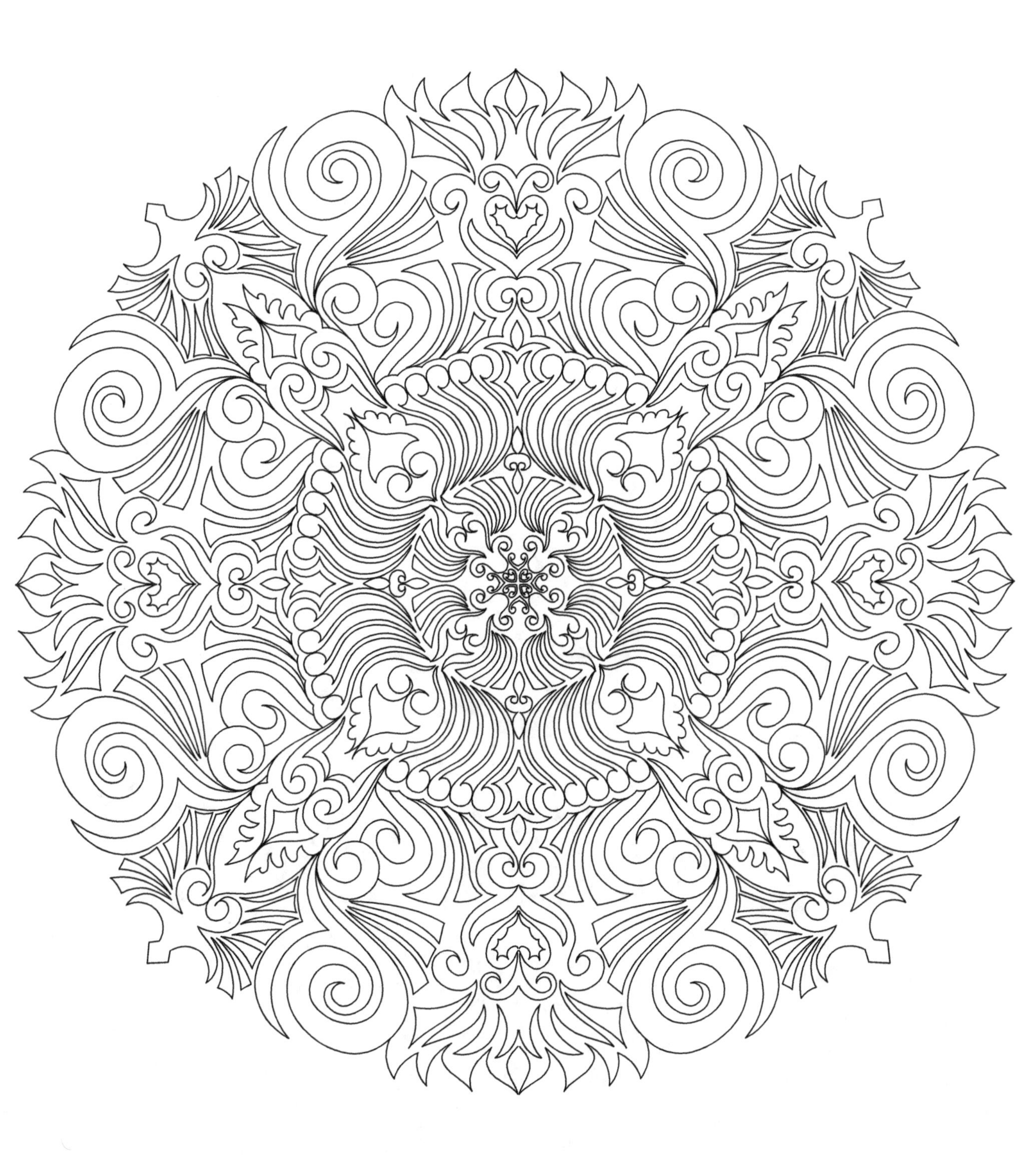

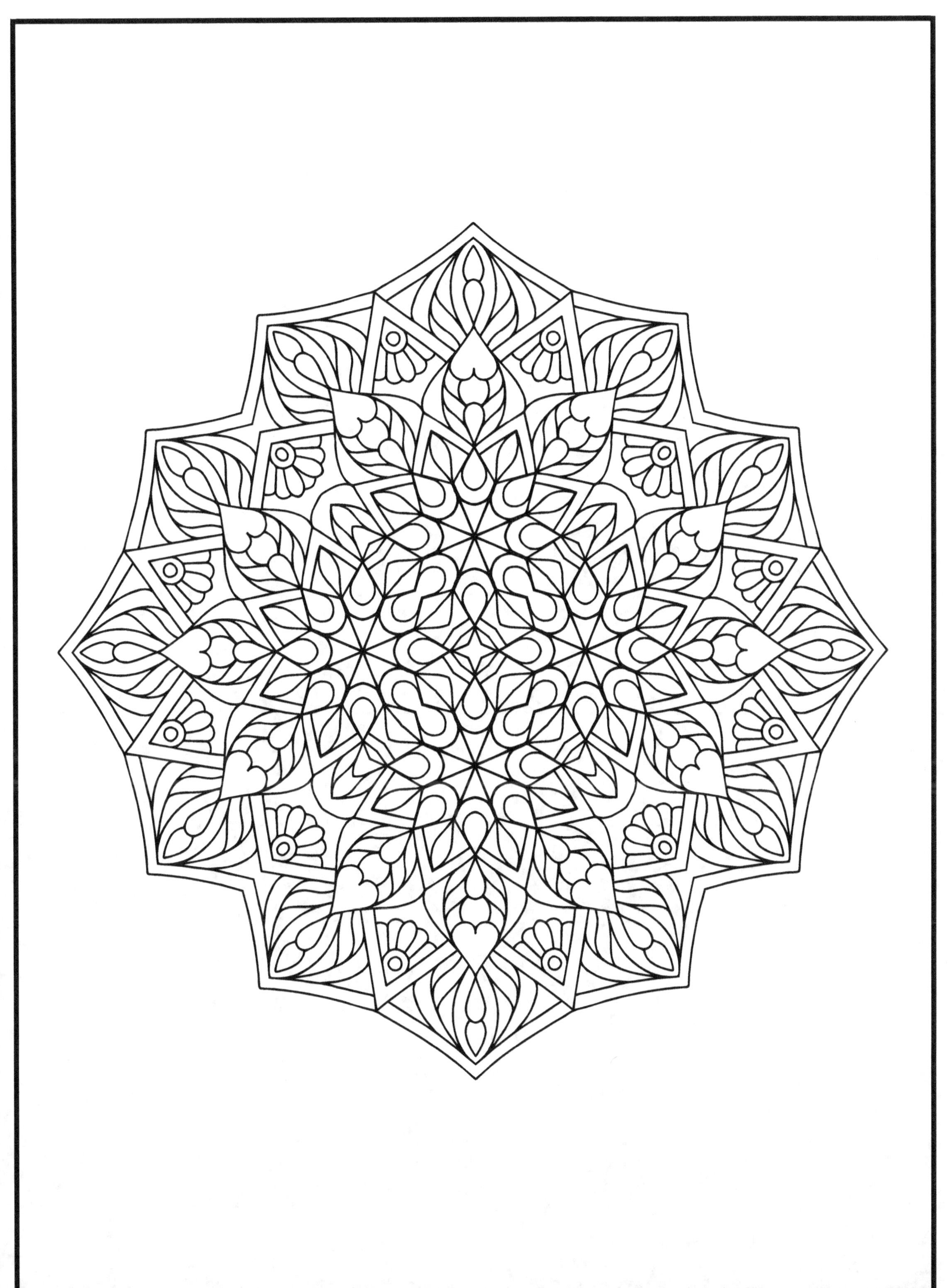

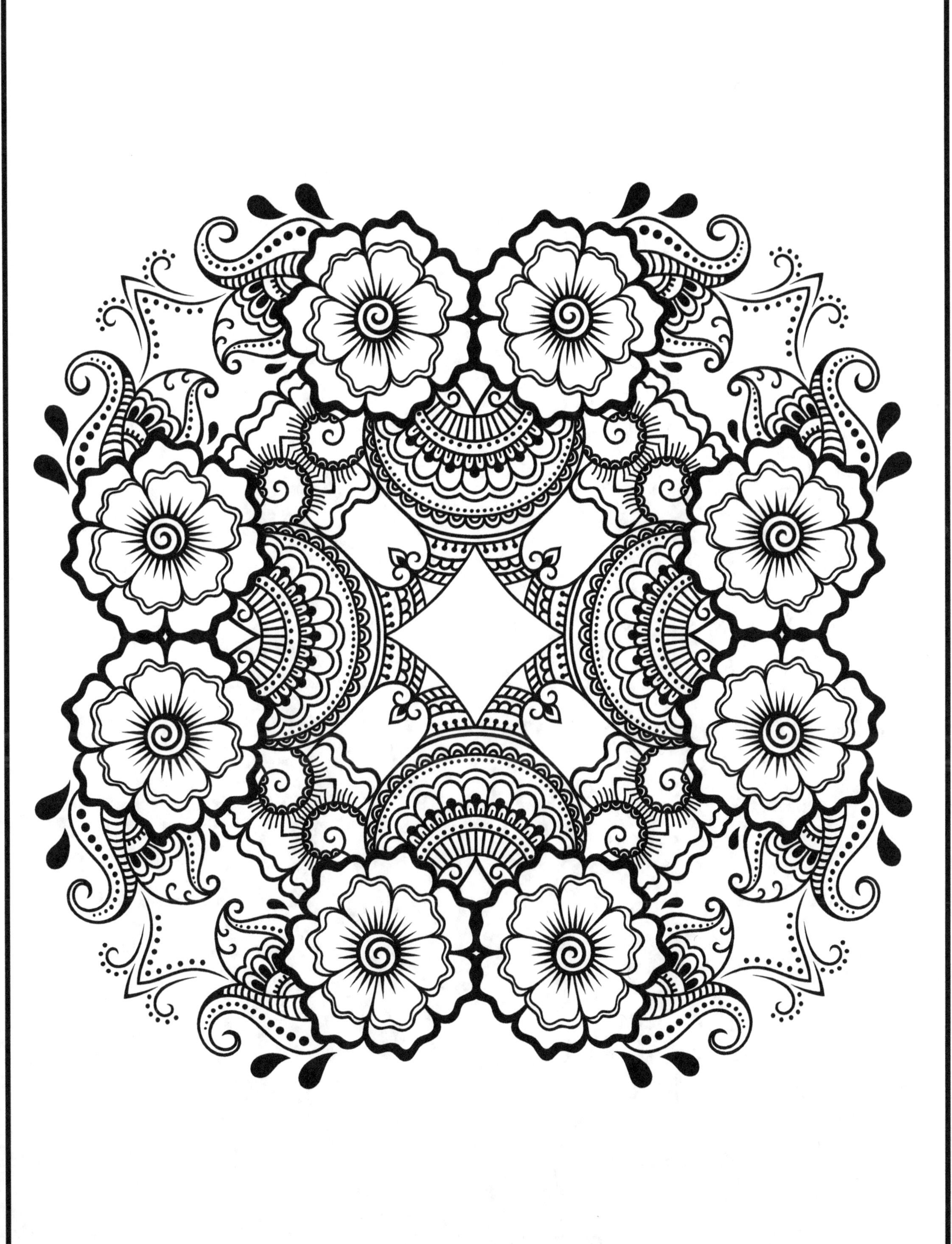

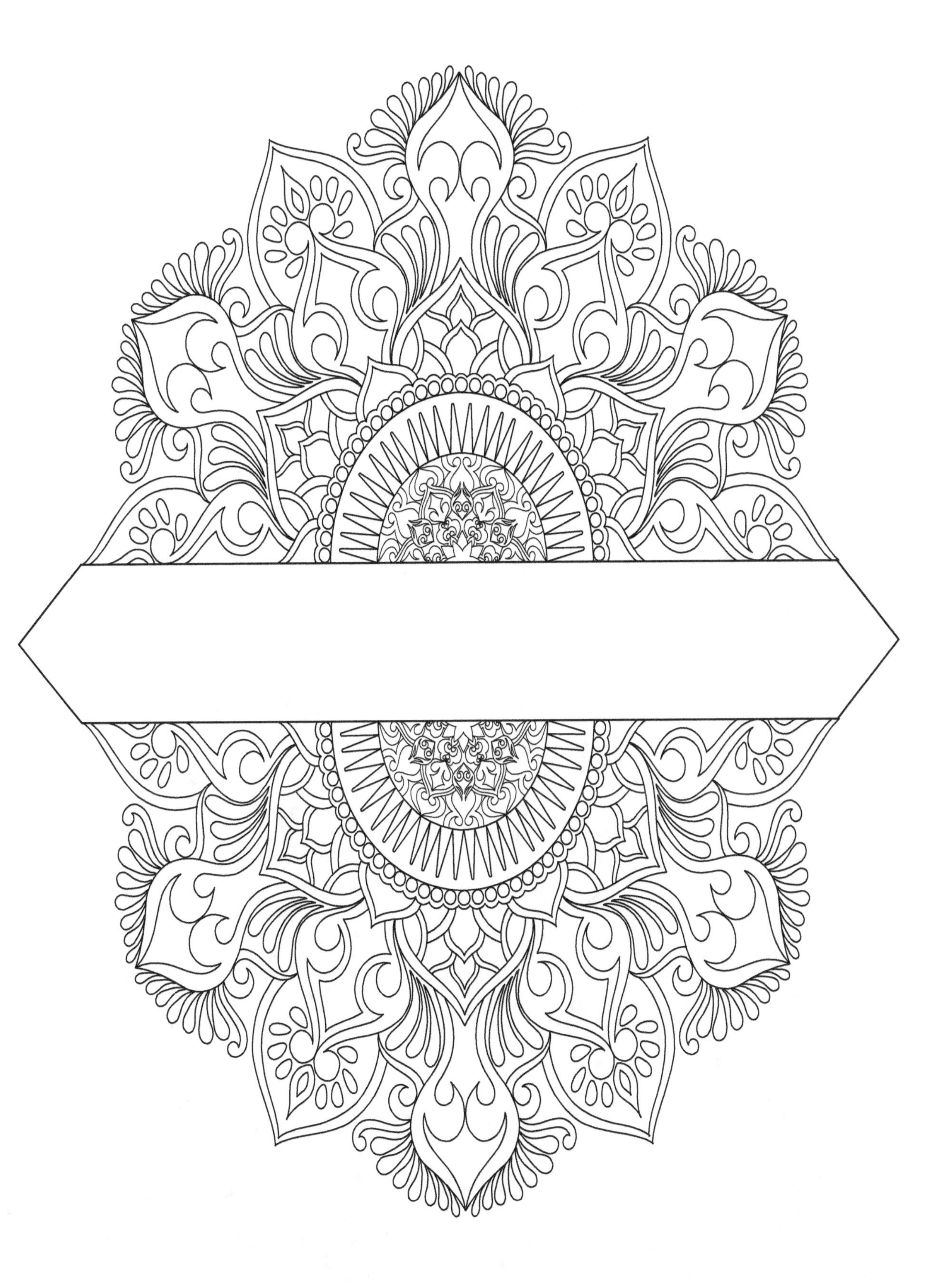

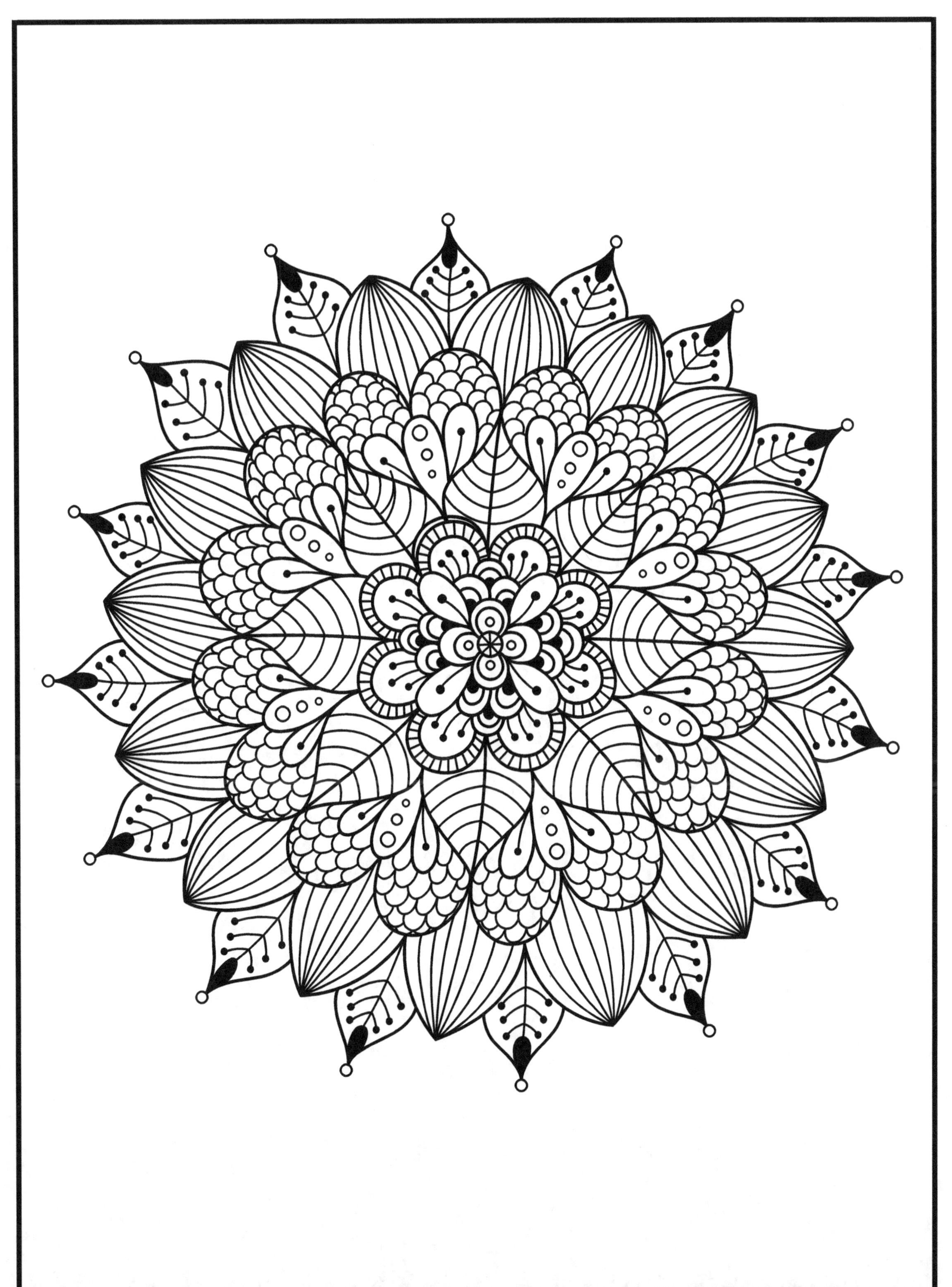

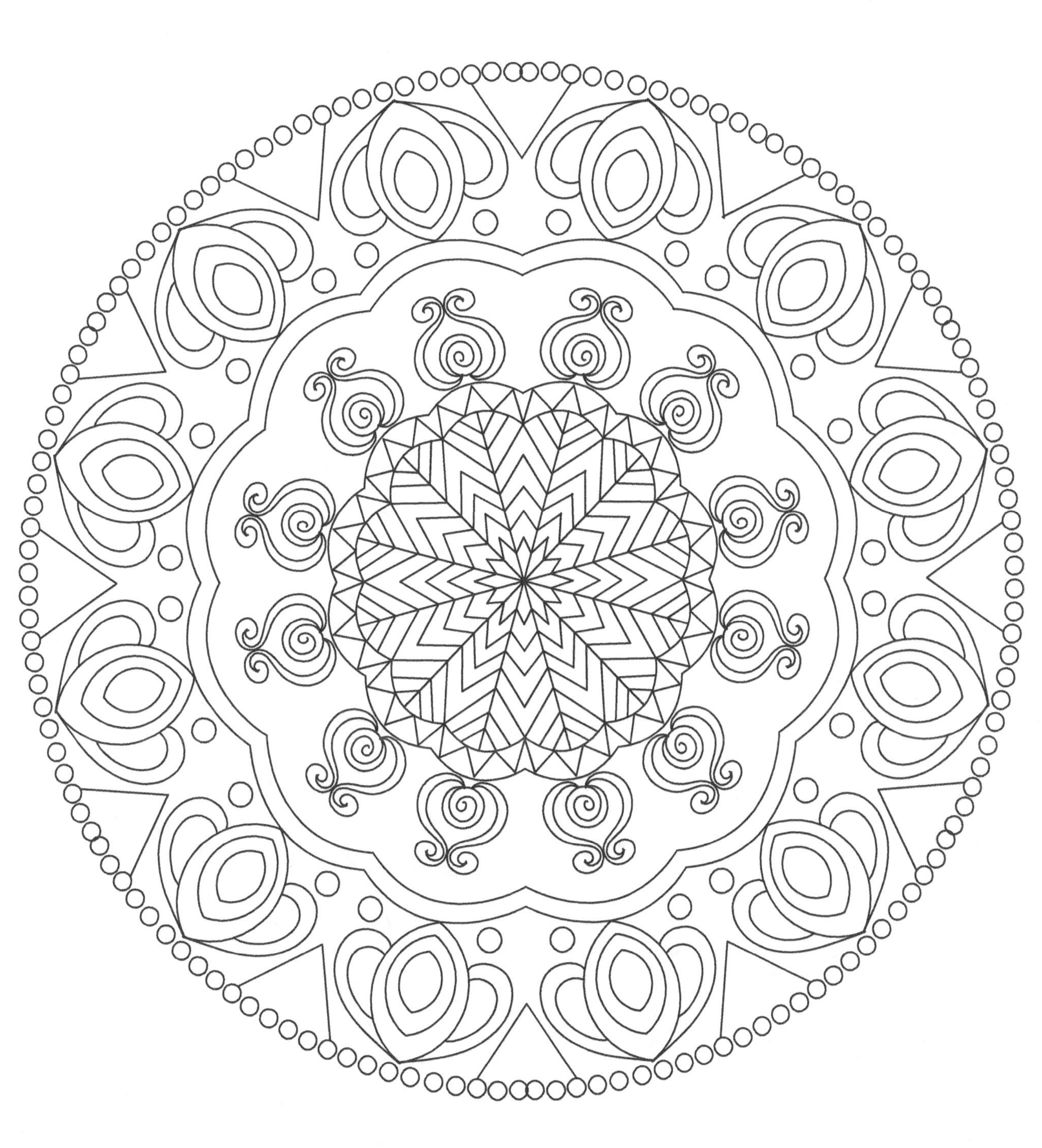

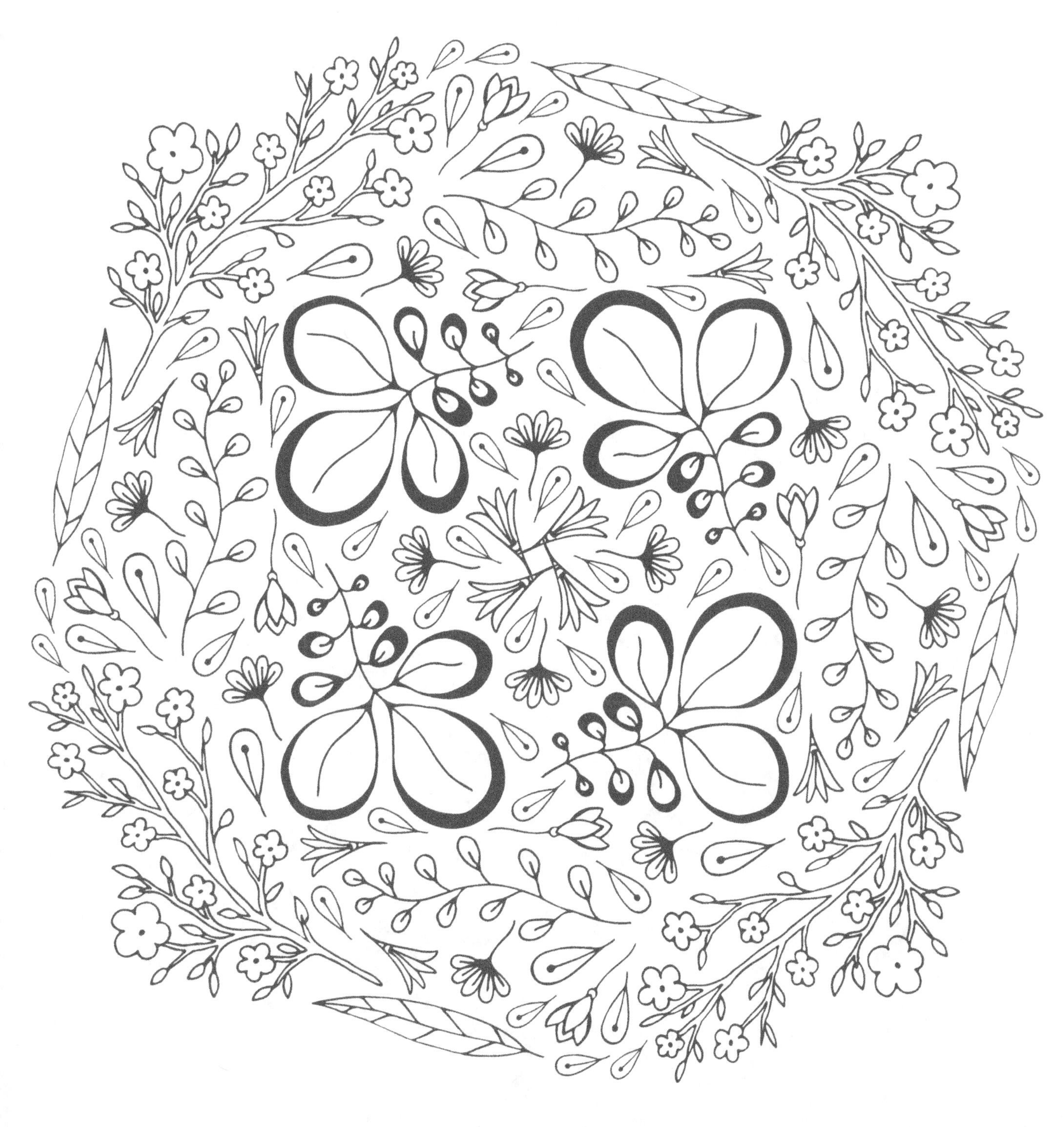

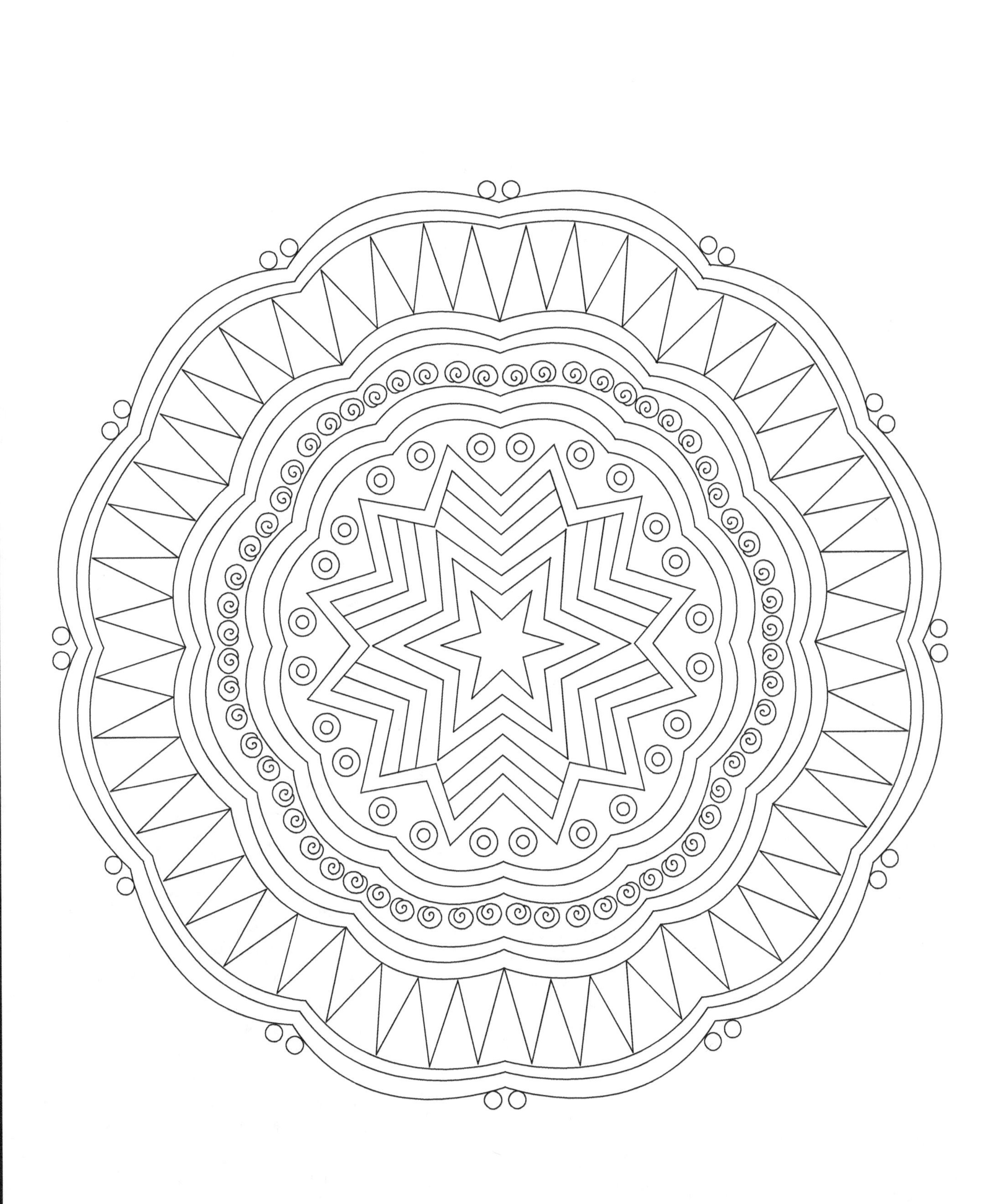

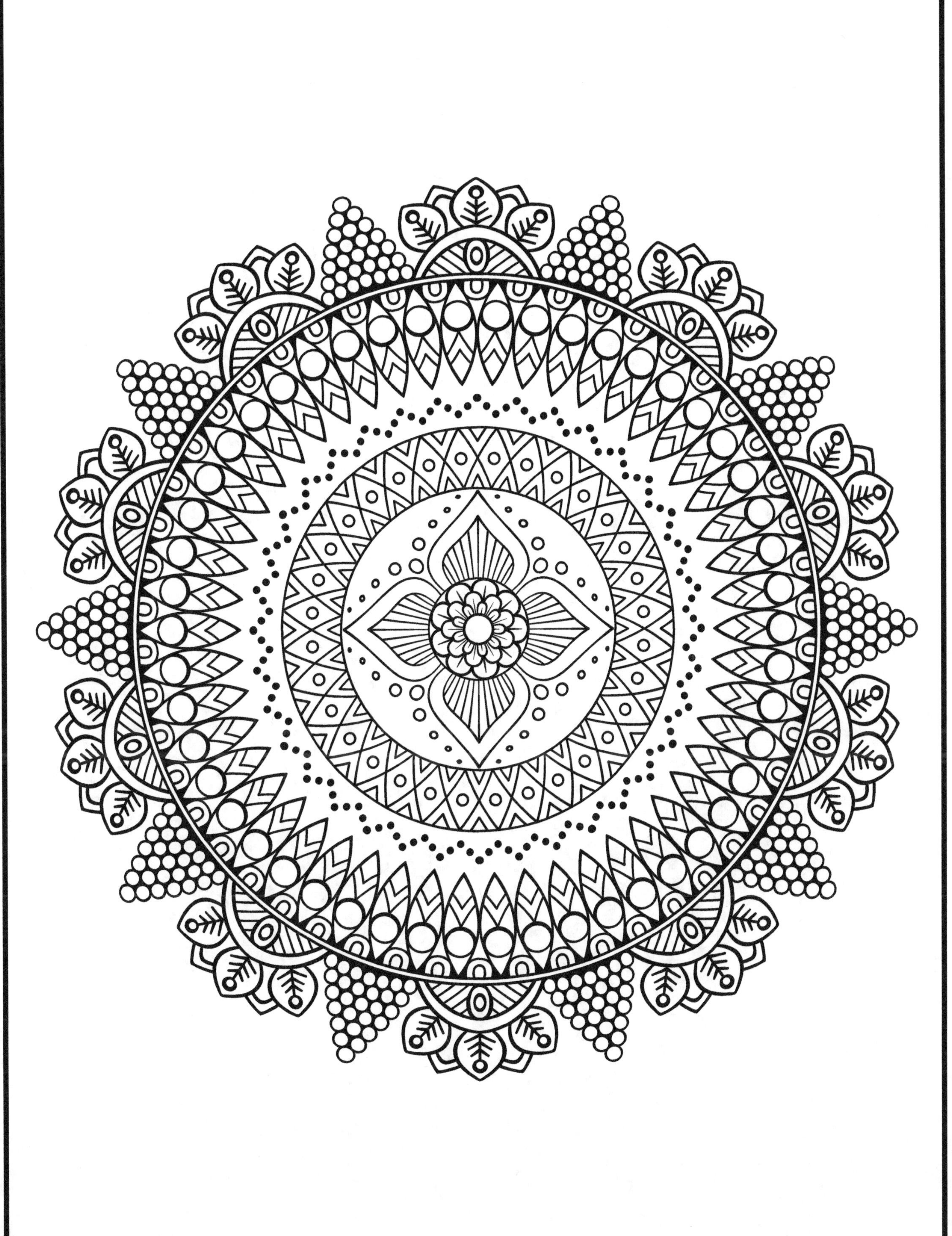

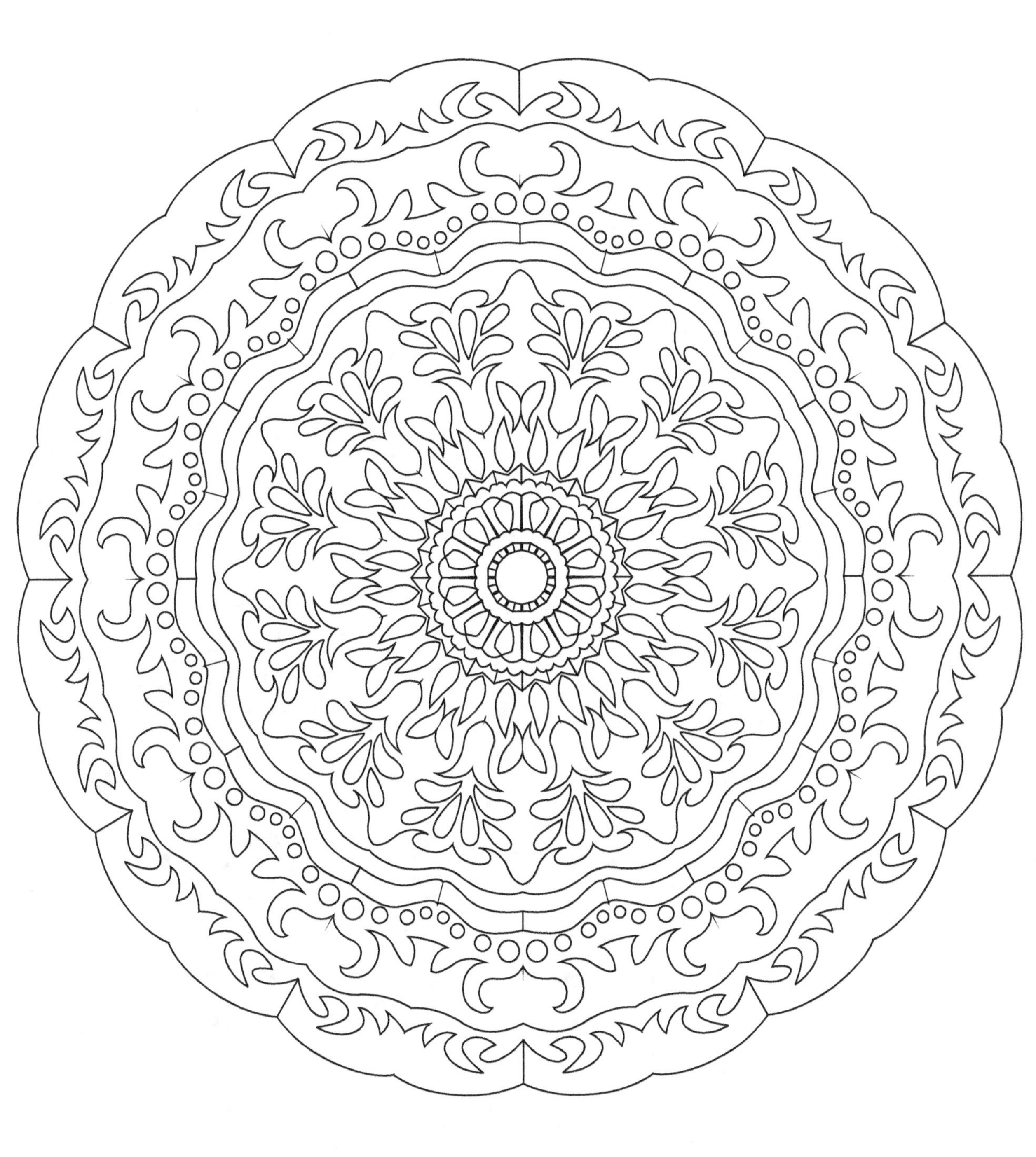

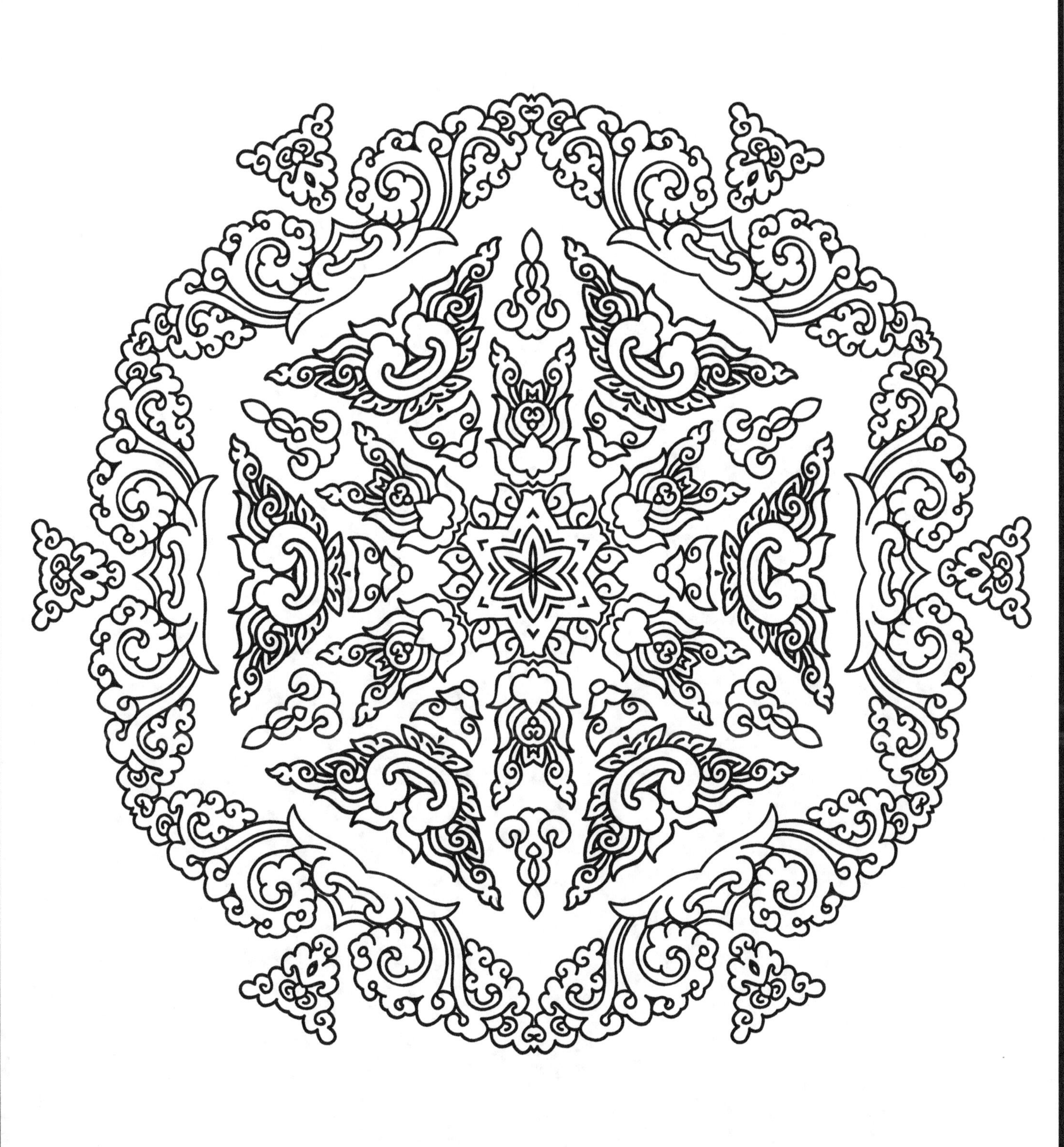

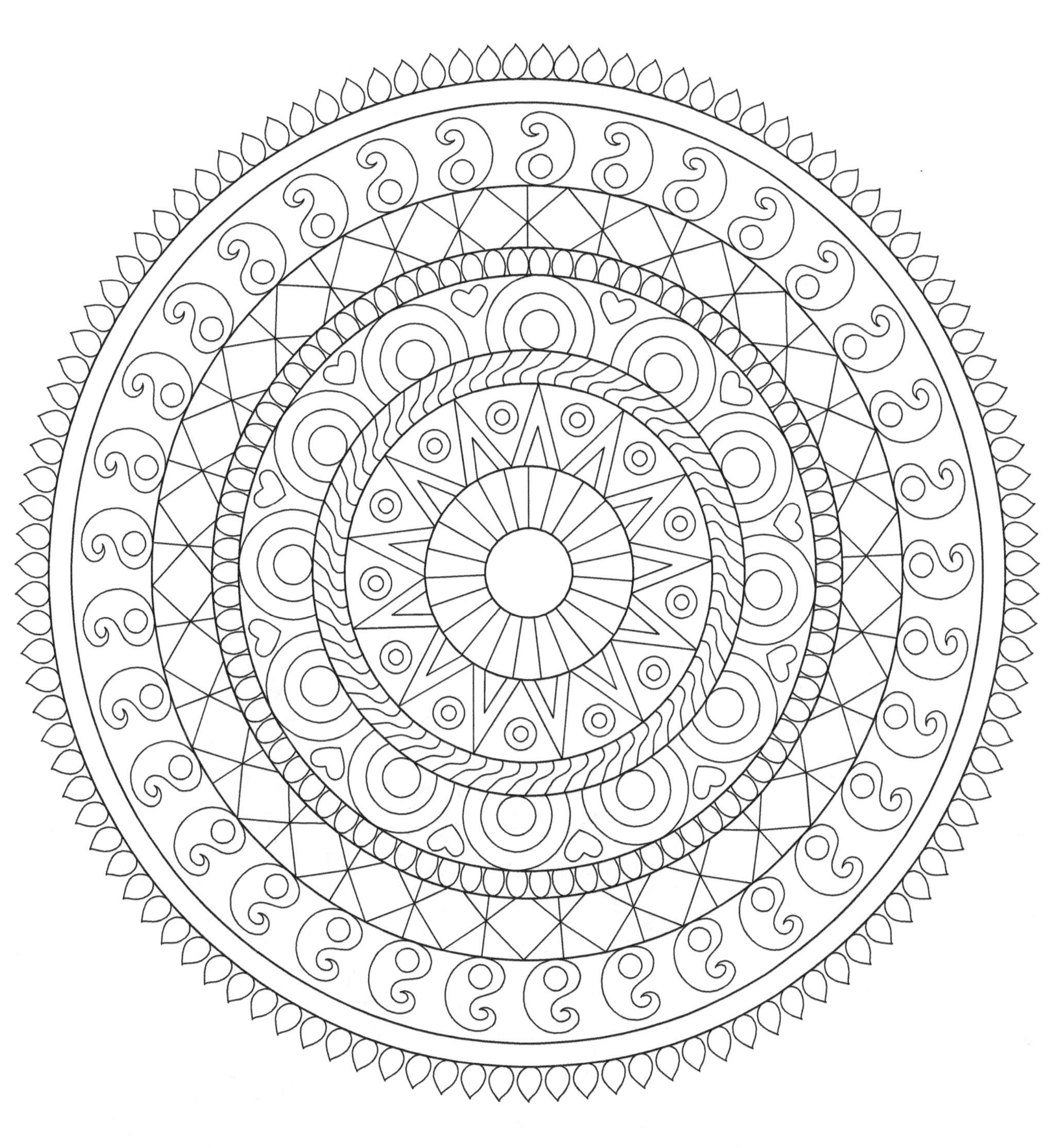

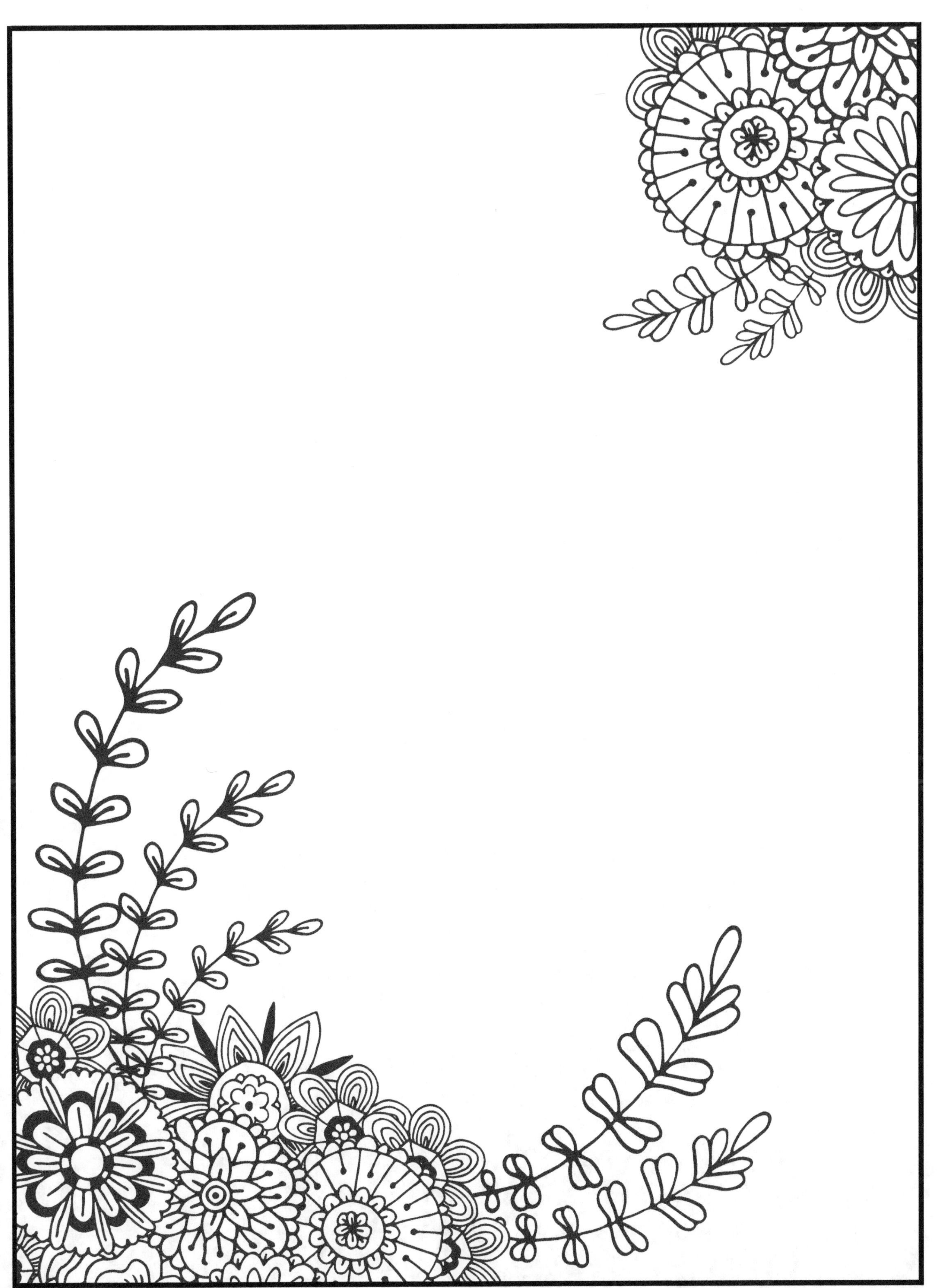

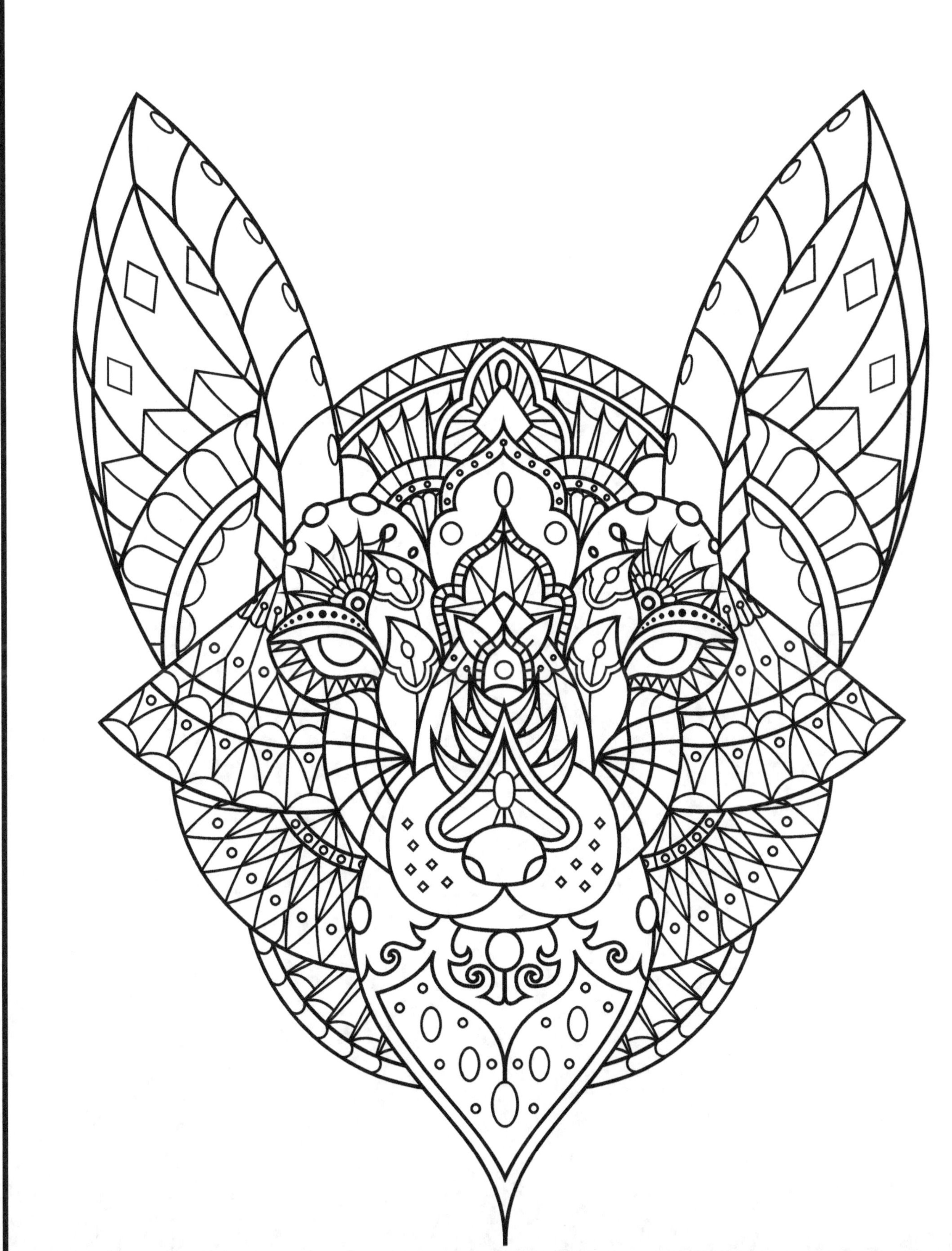

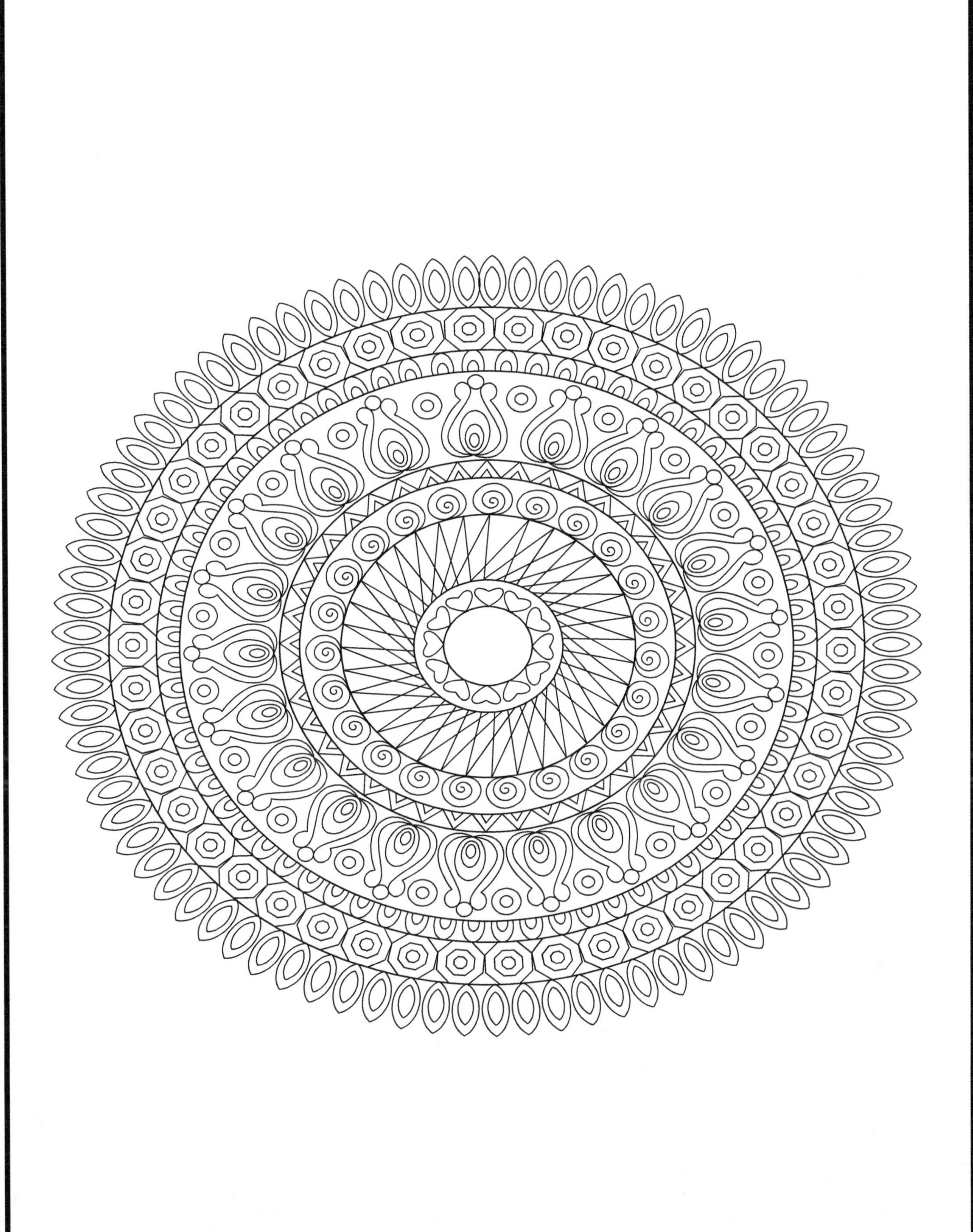

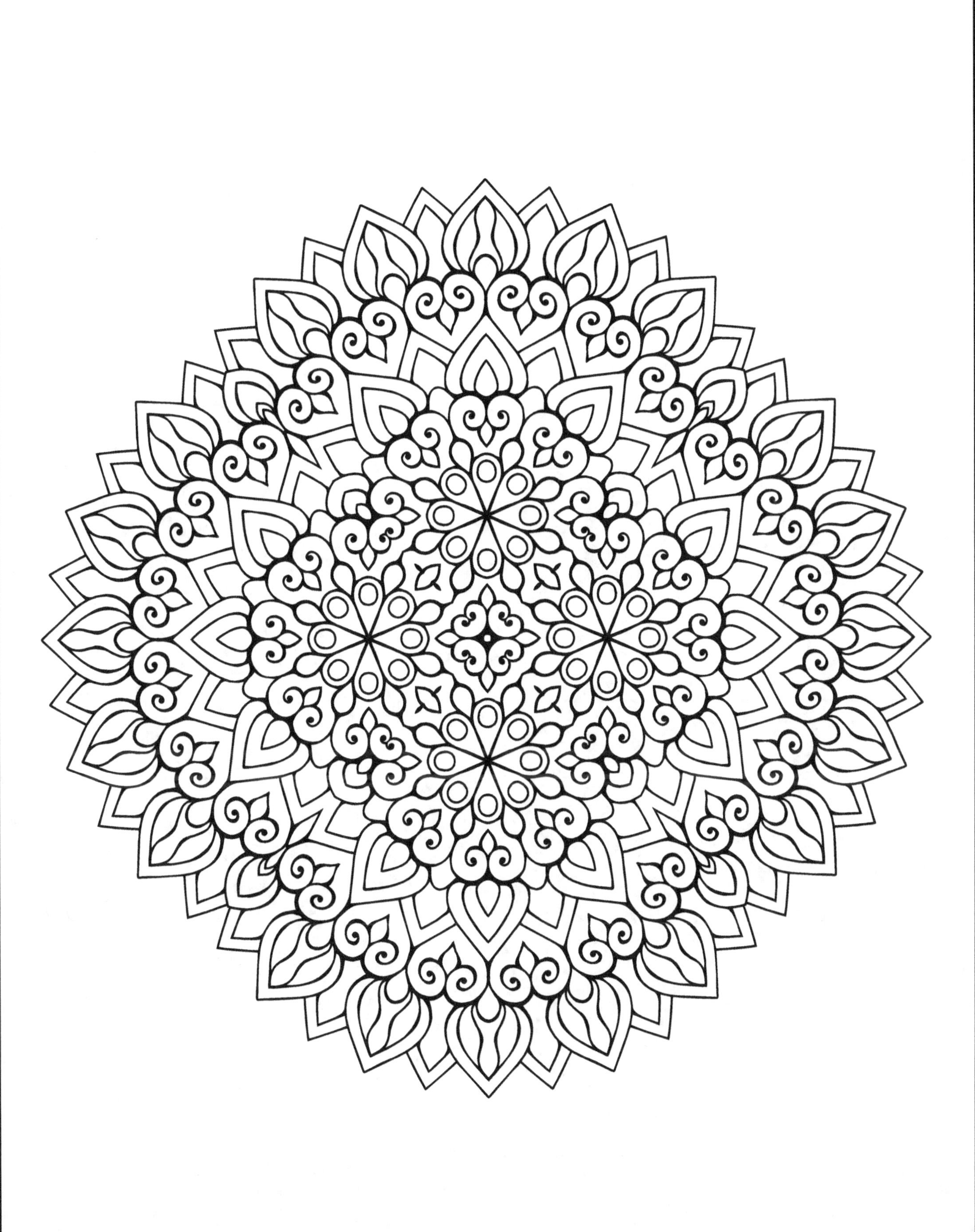

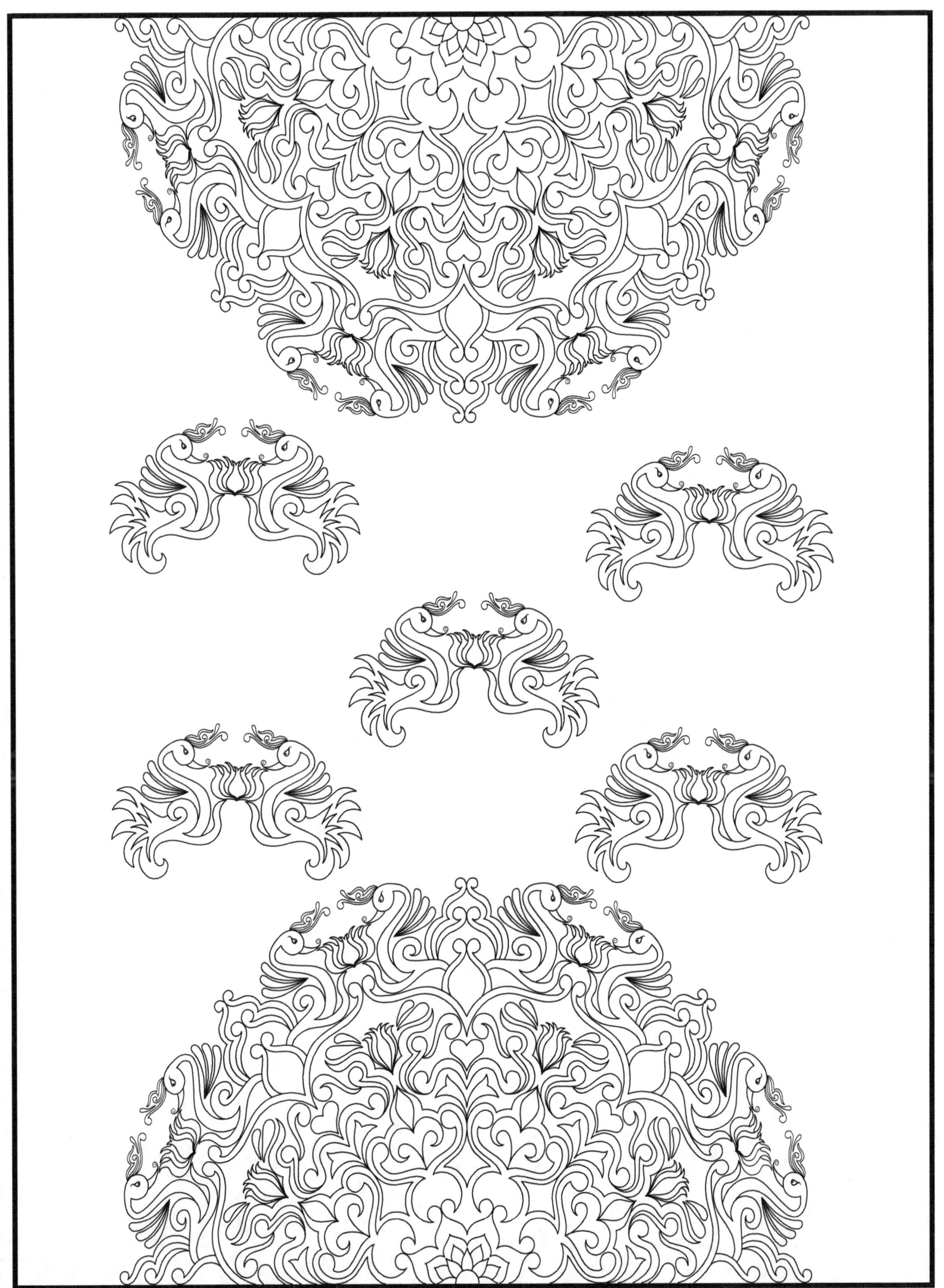

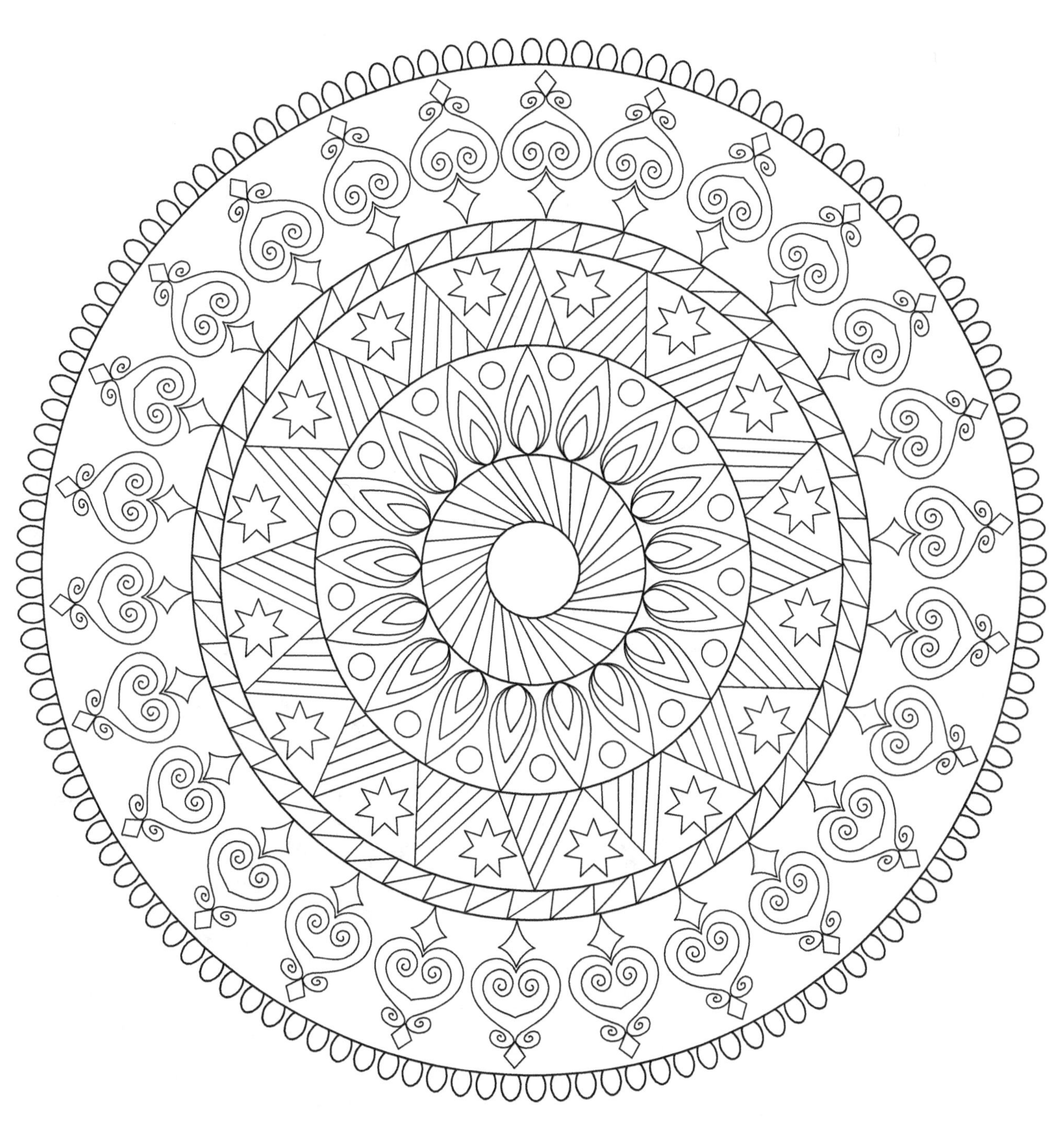

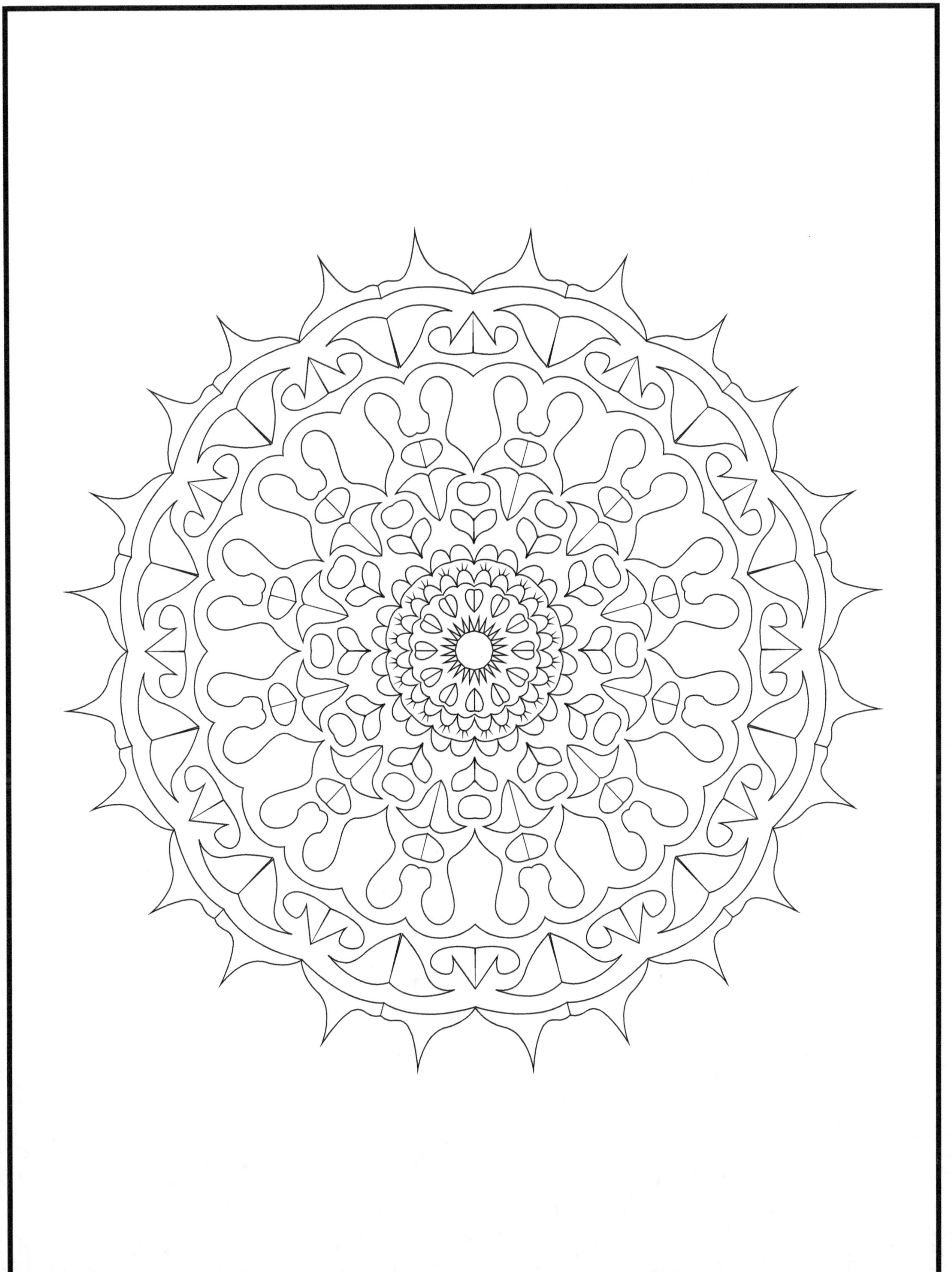

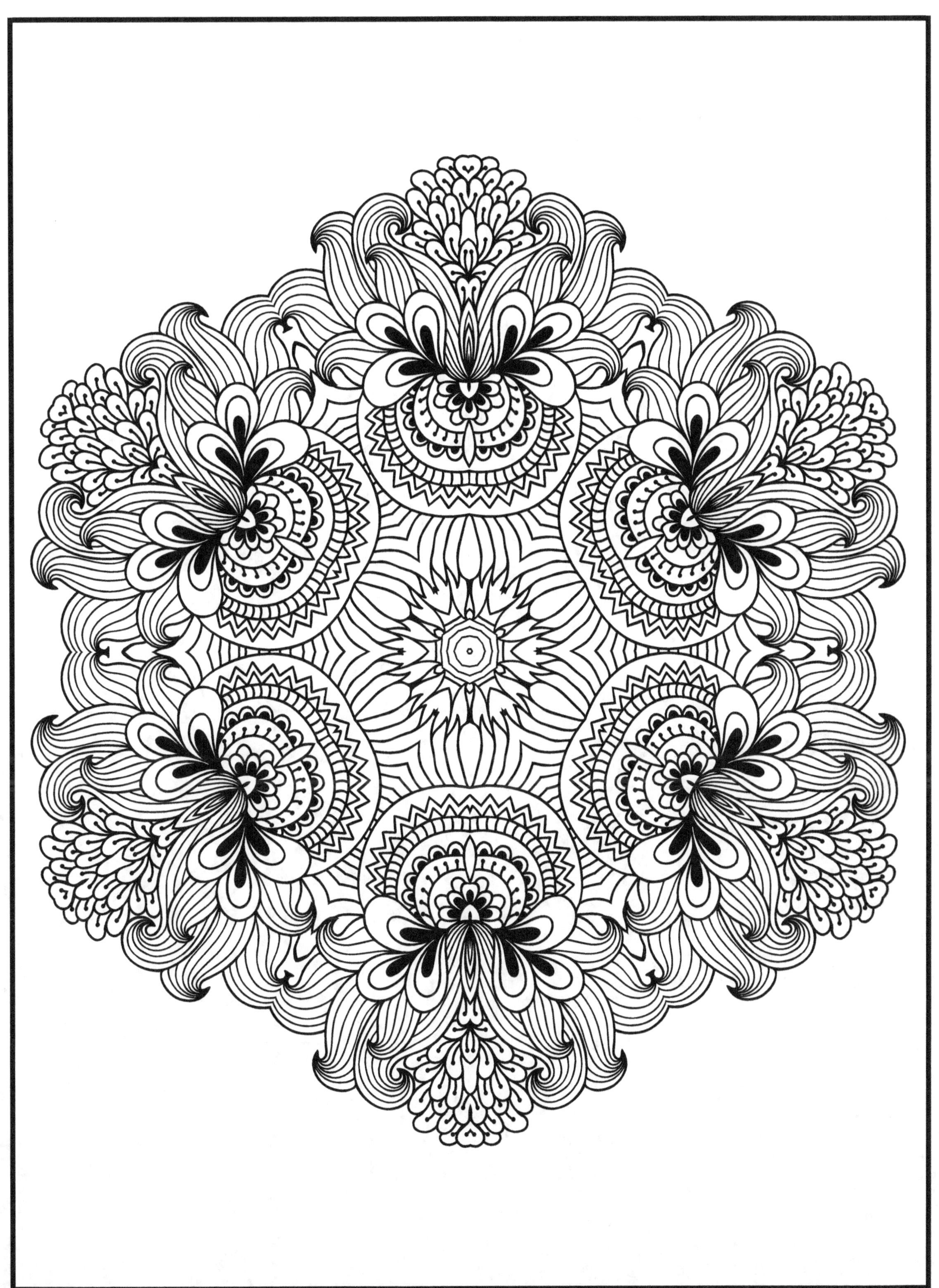

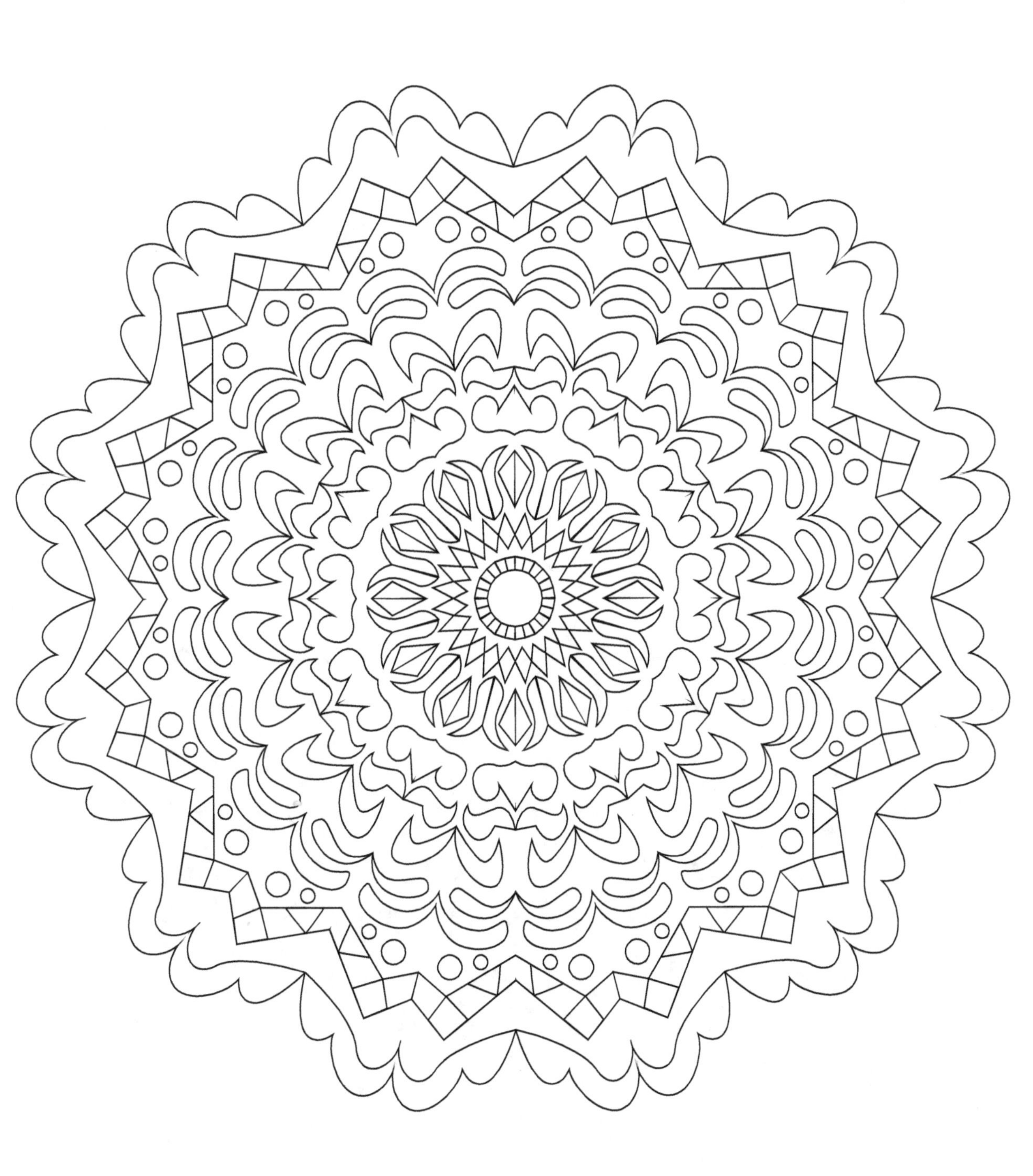

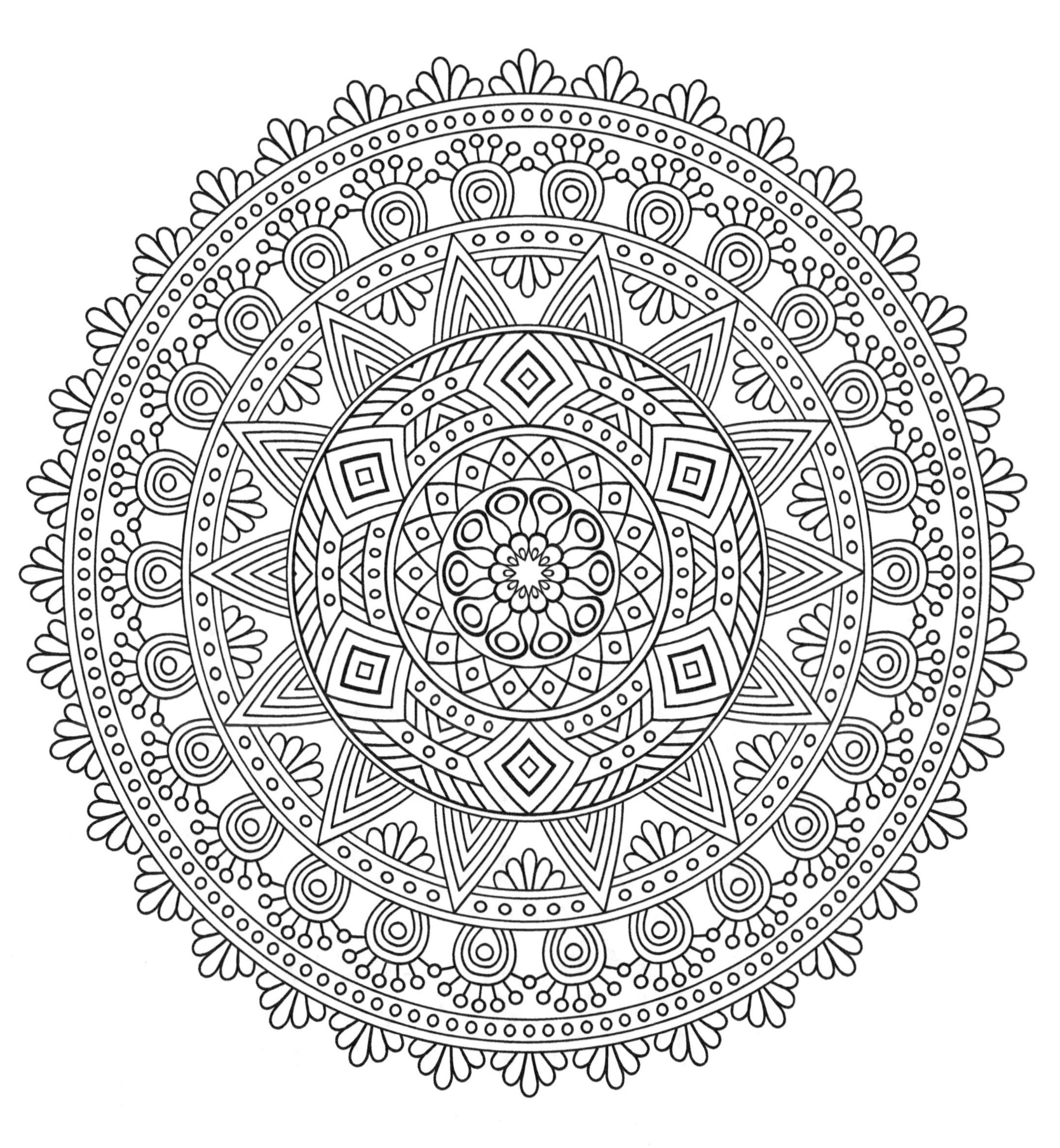

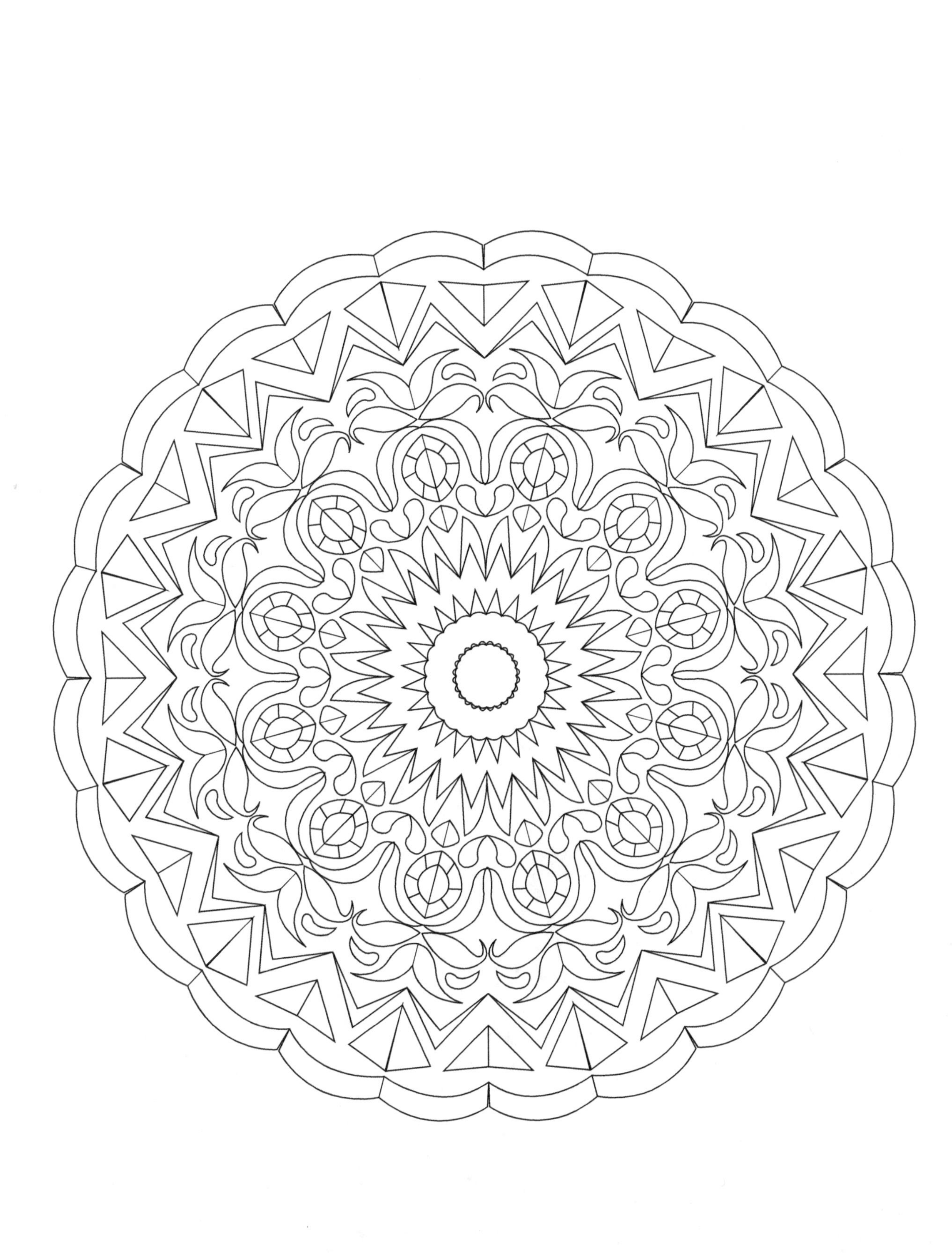

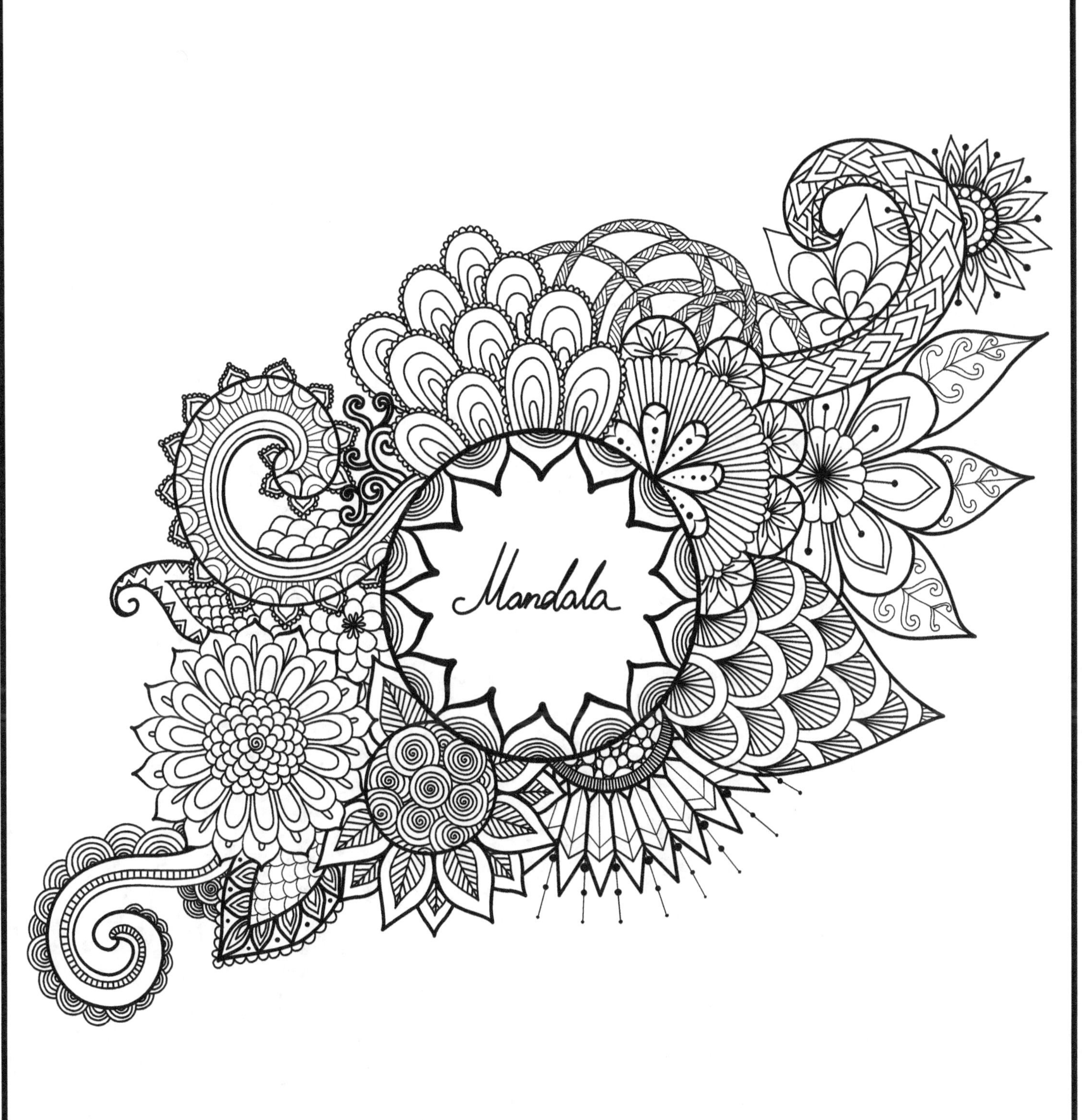
Mandala

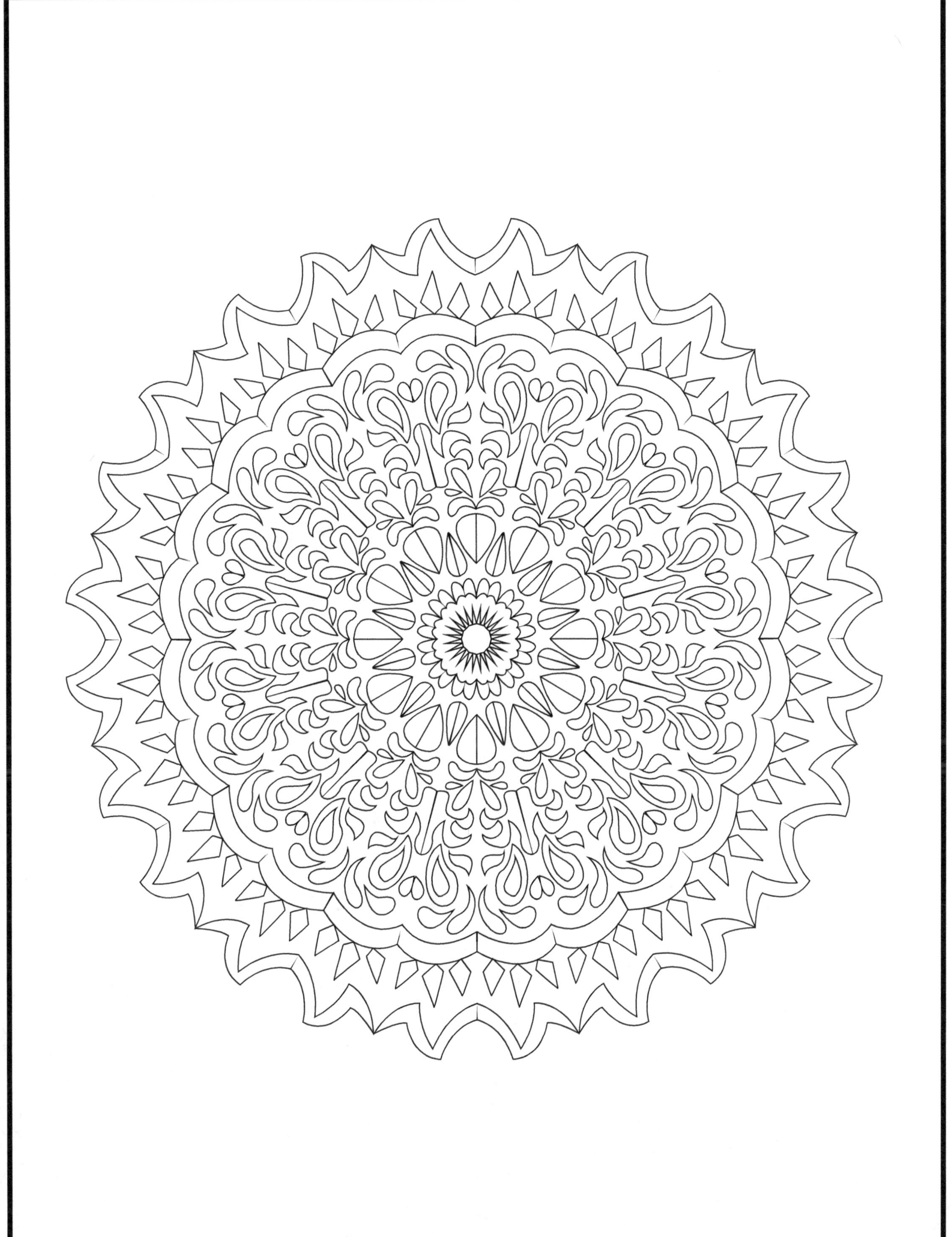

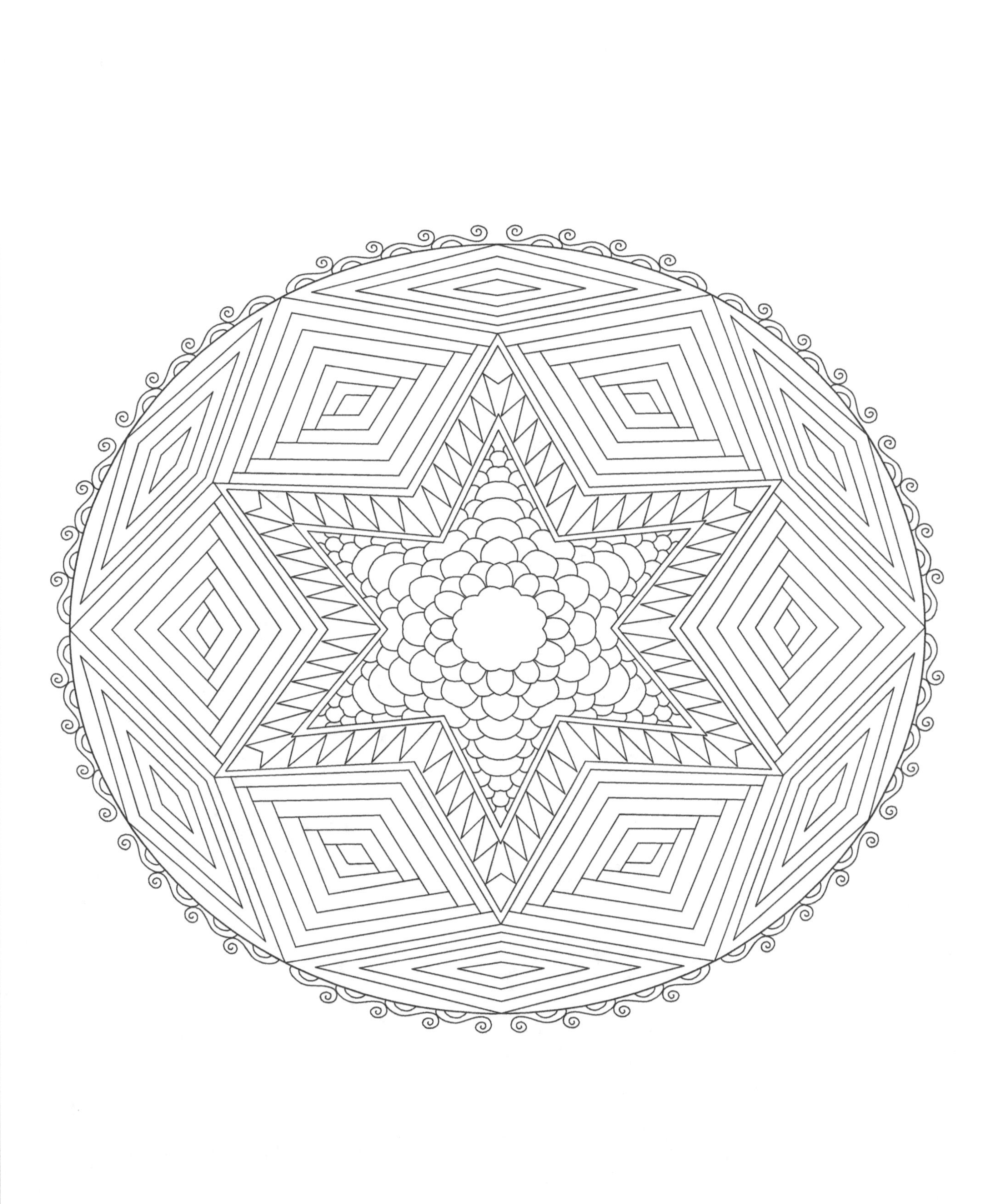

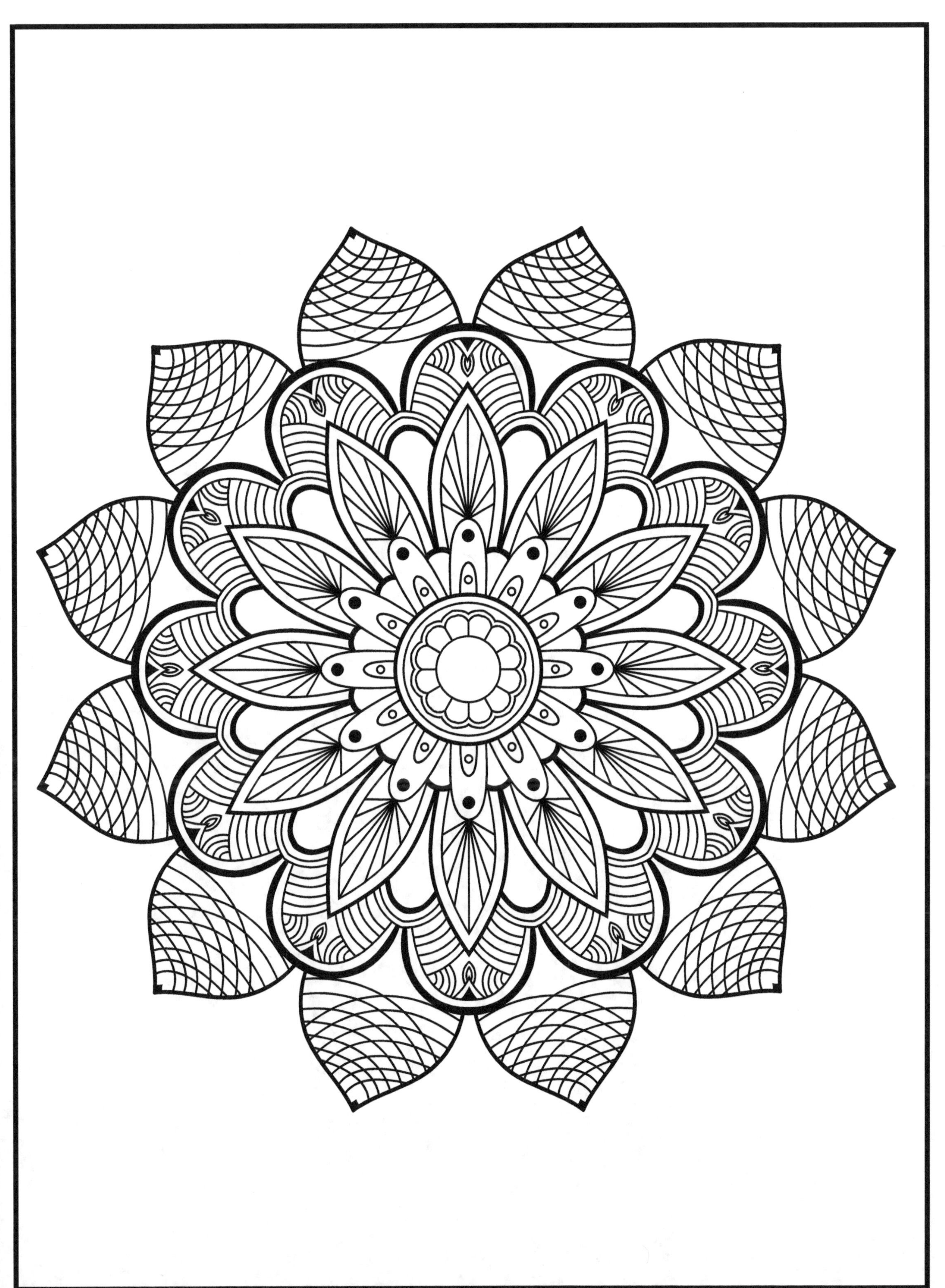

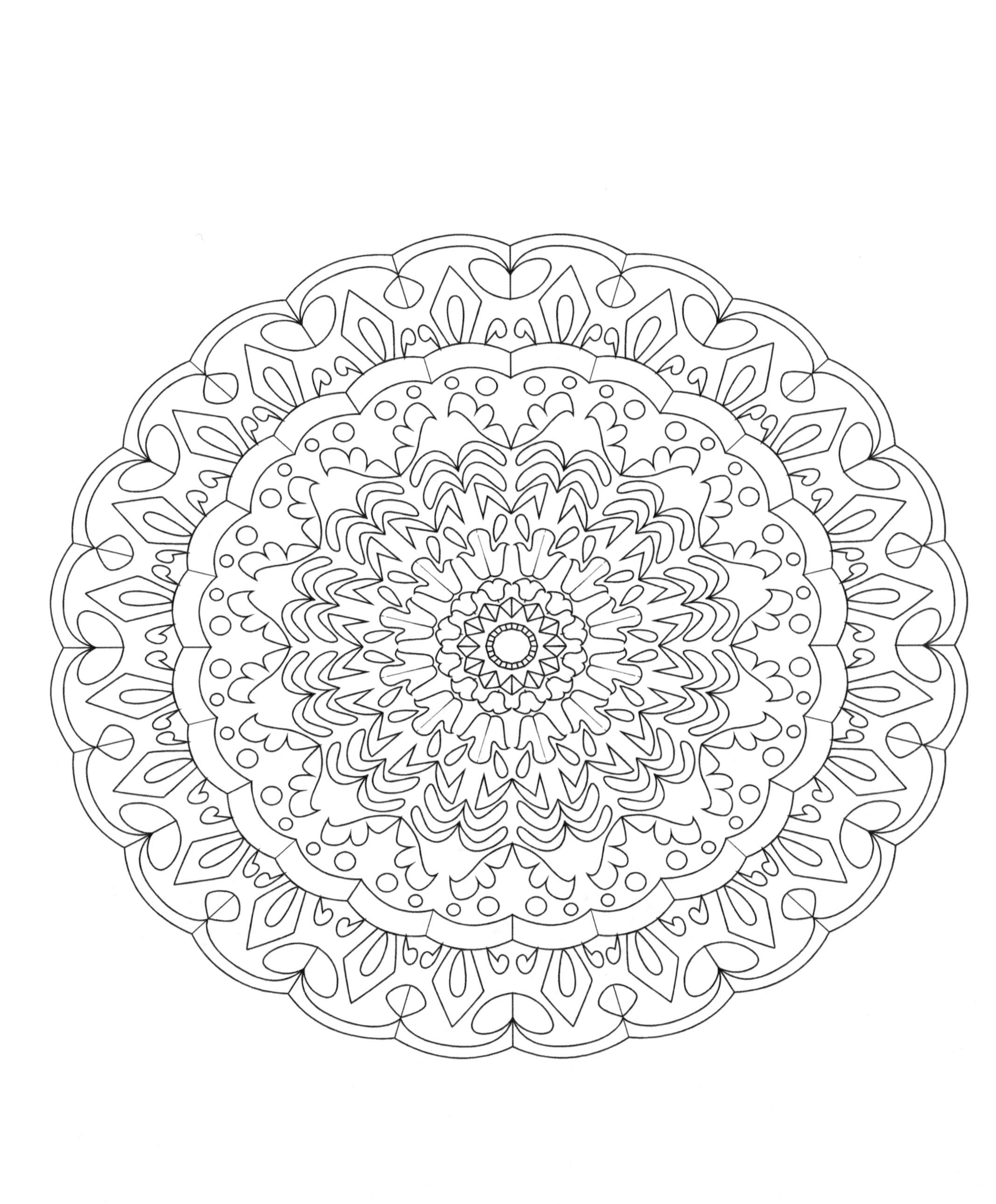

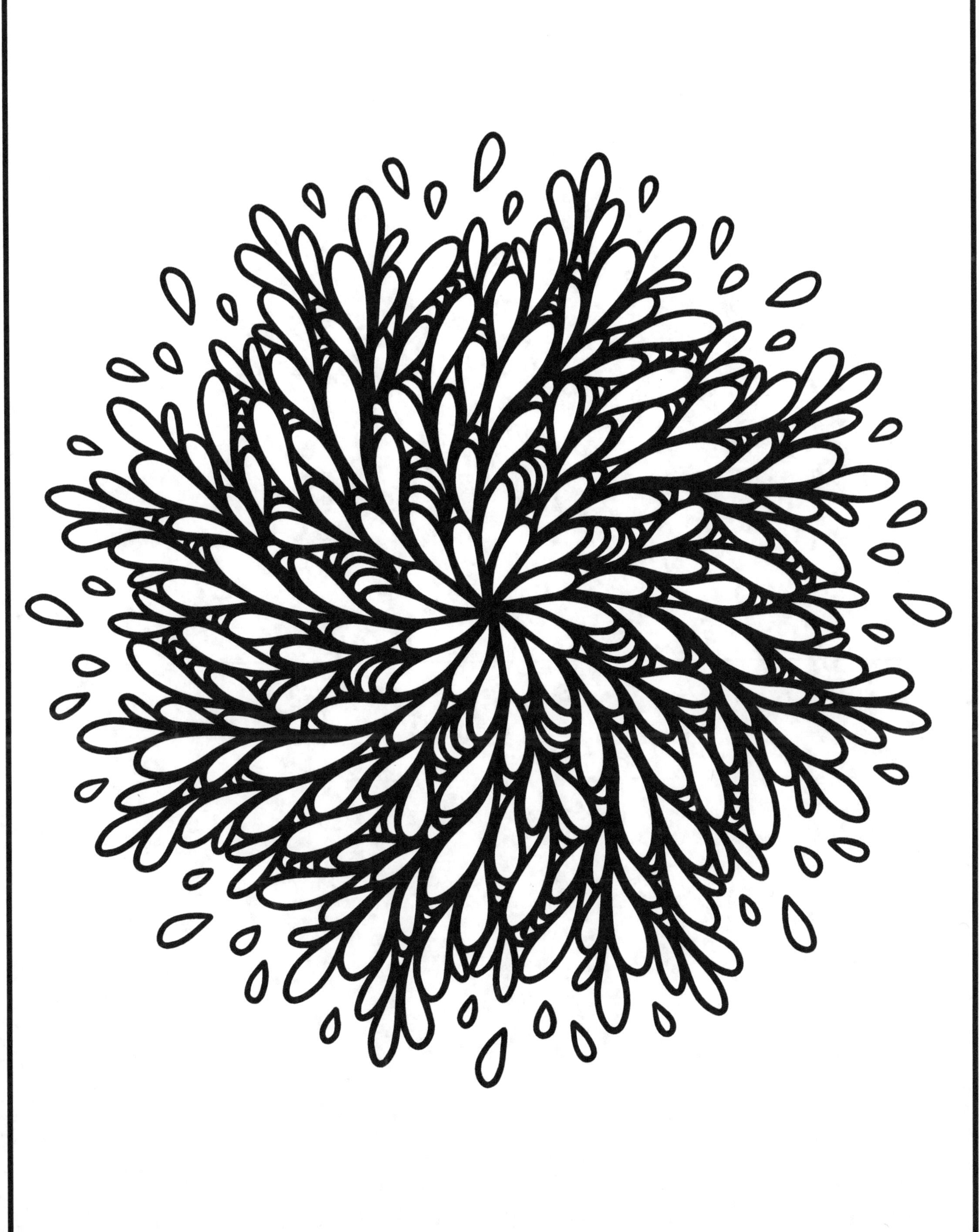

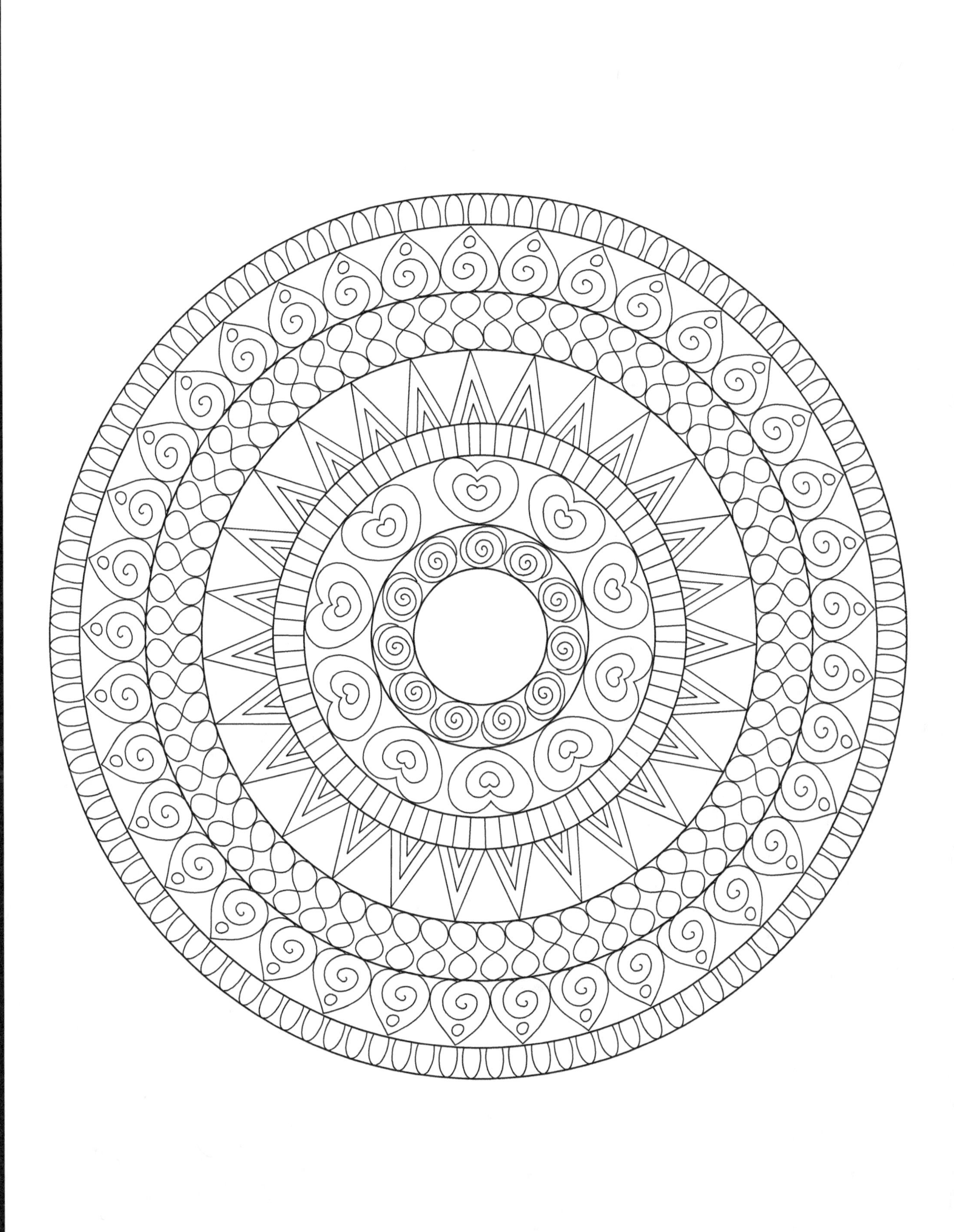

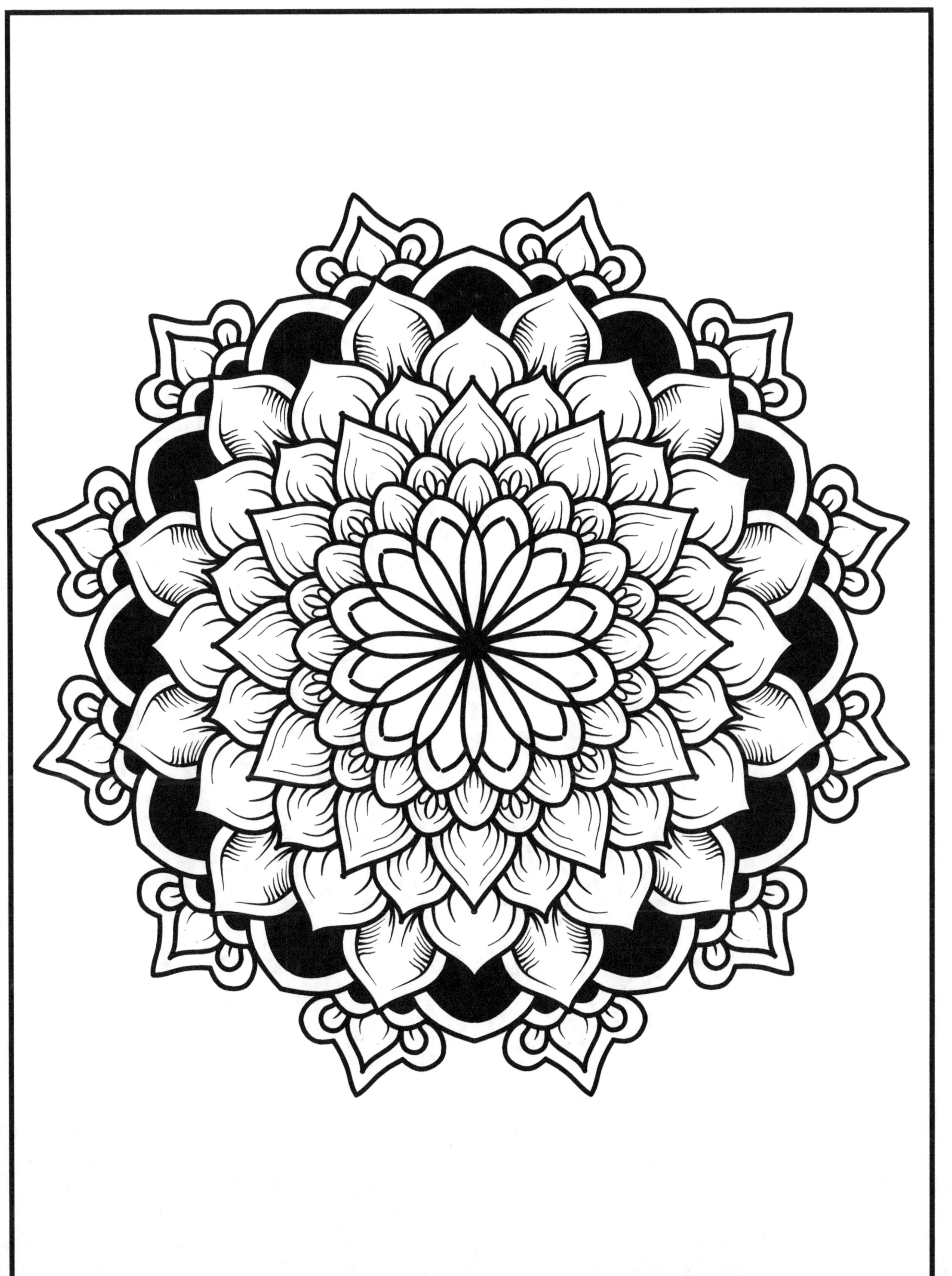

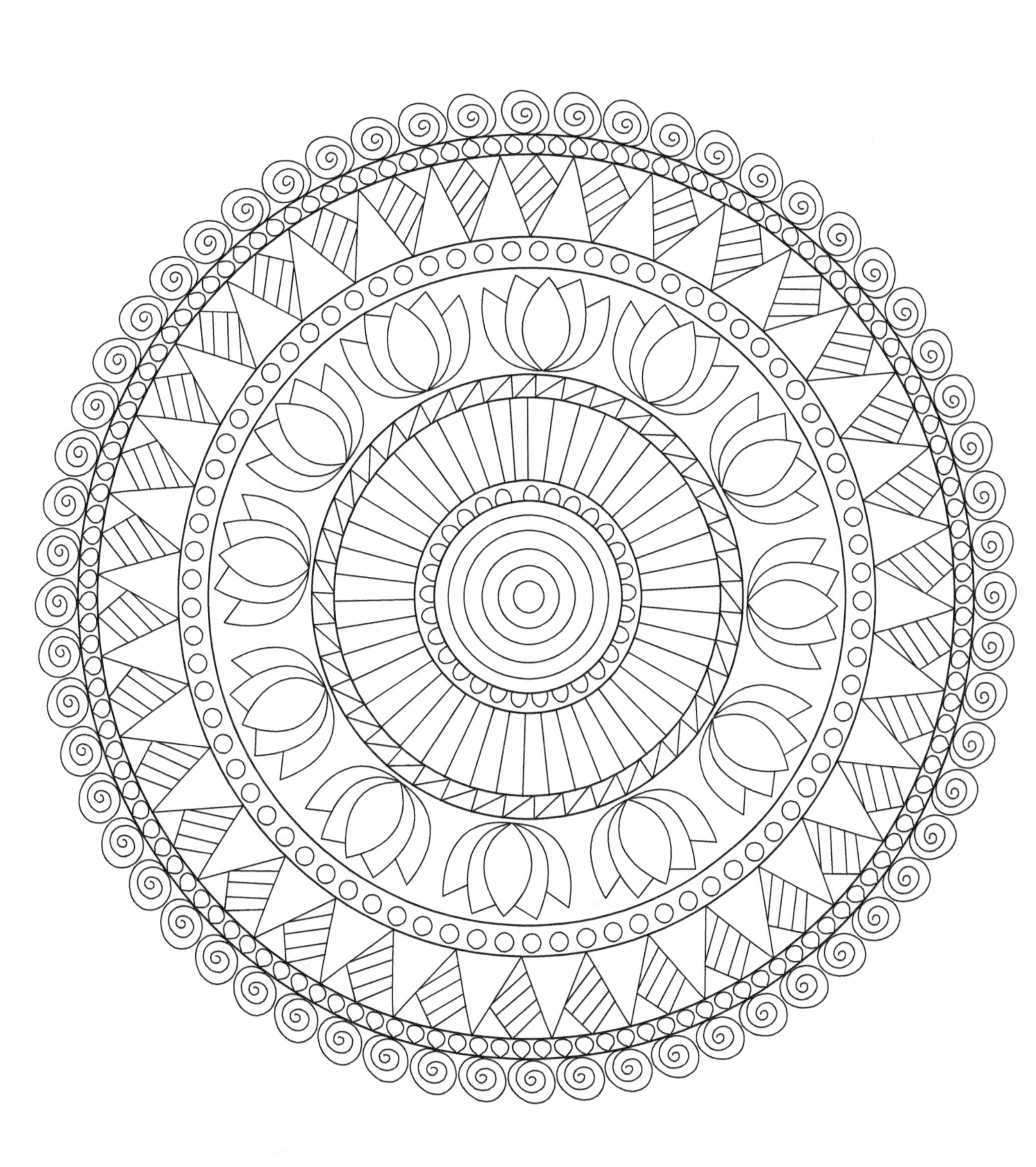

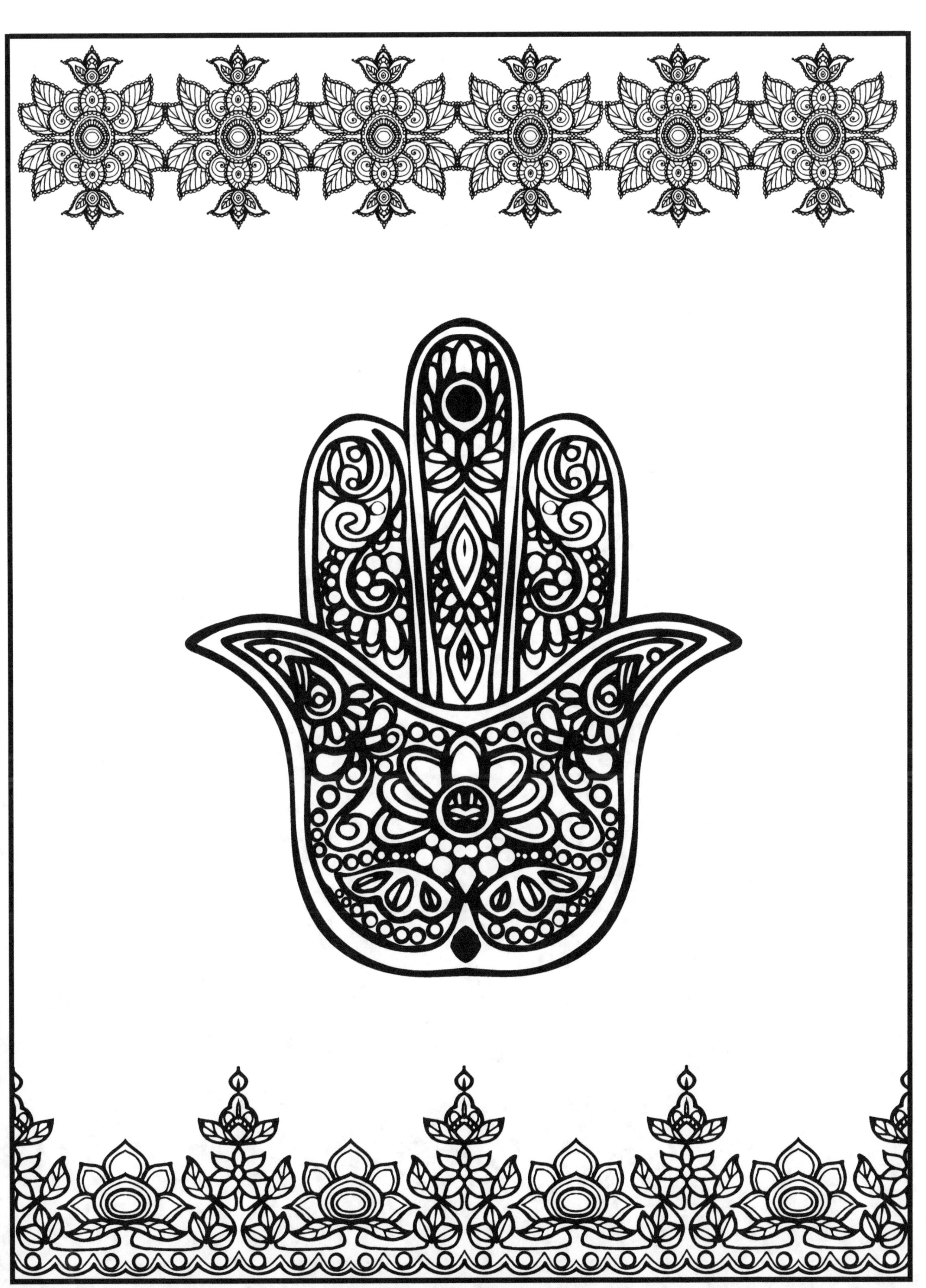

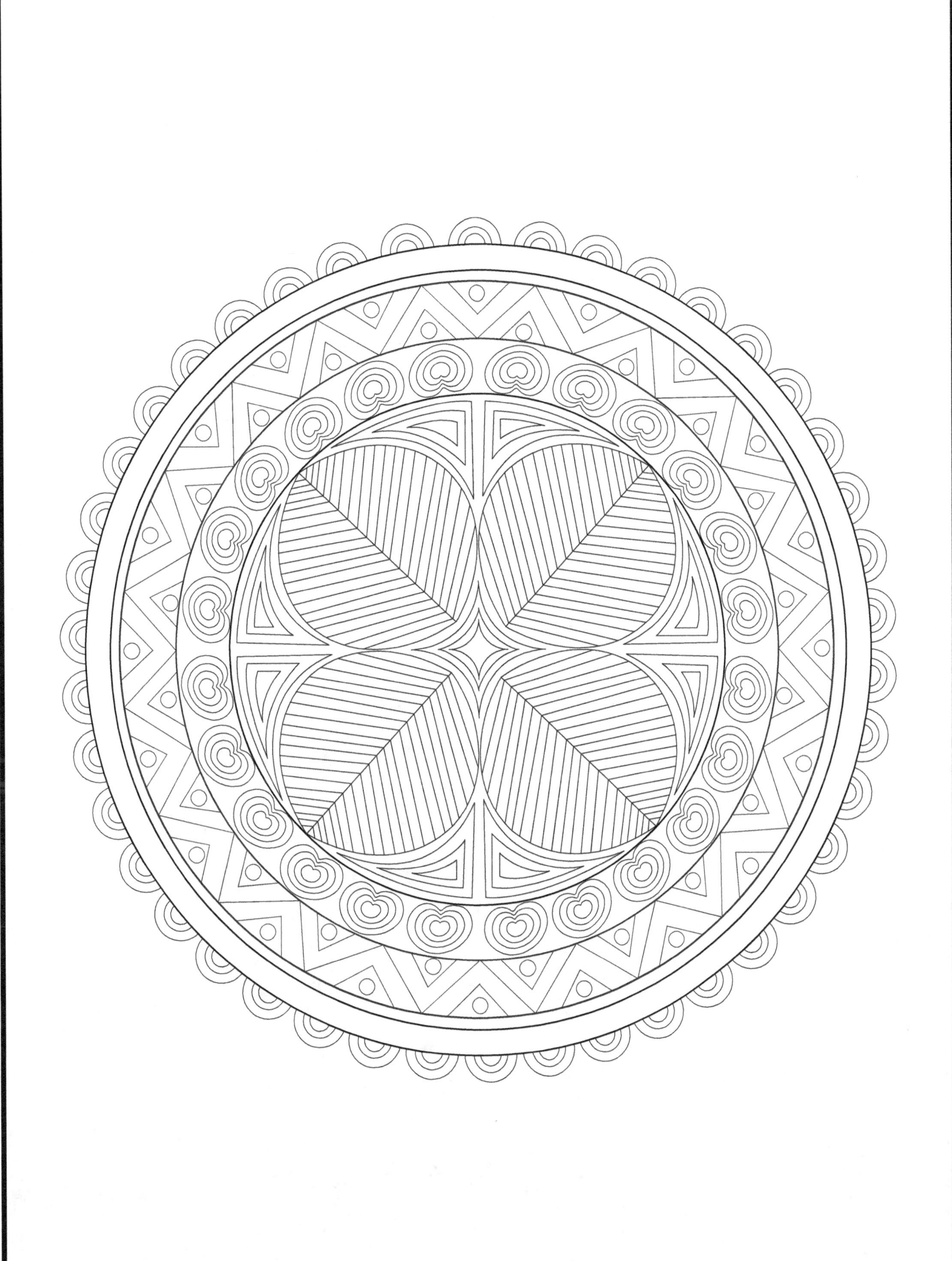

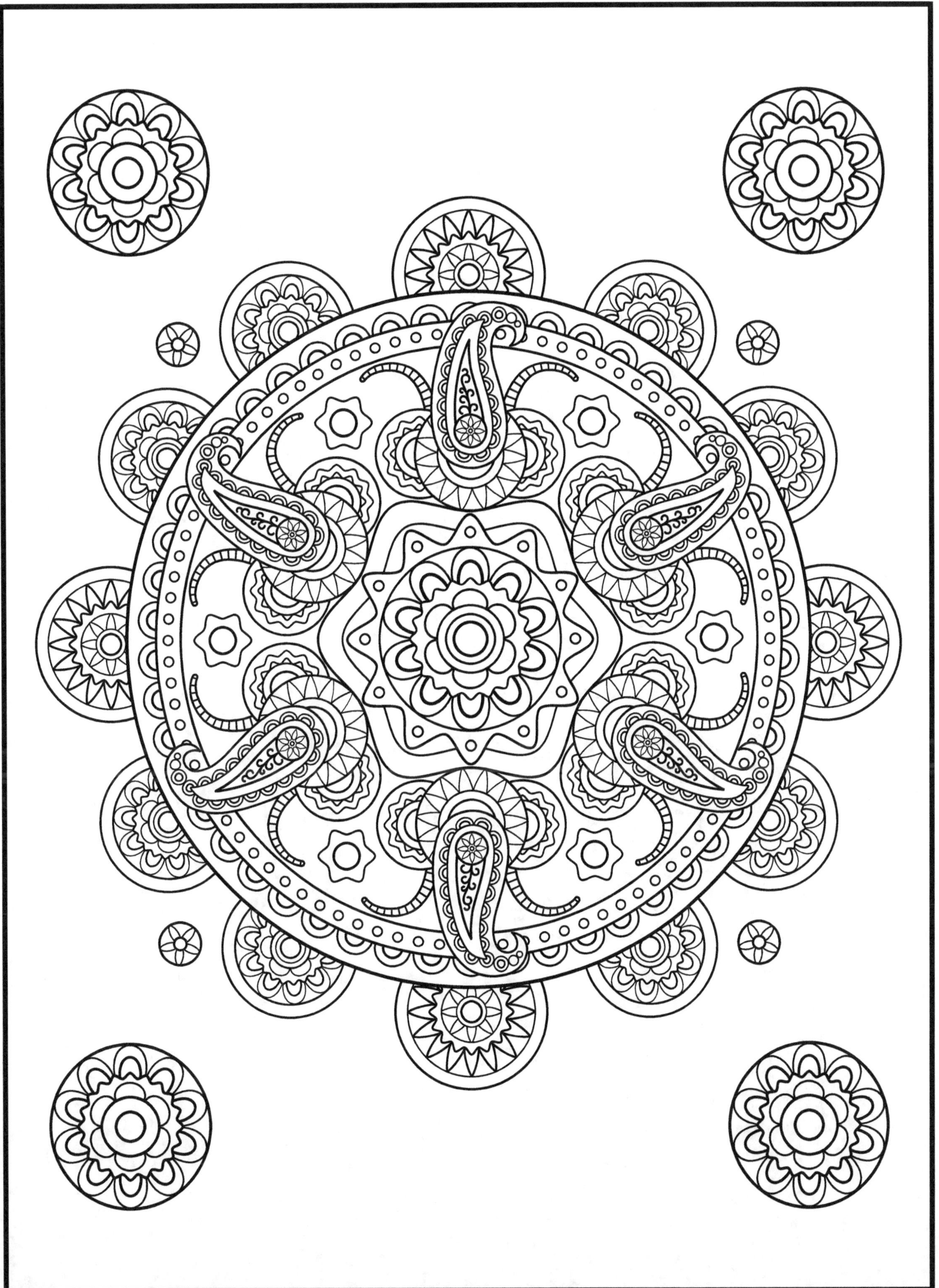

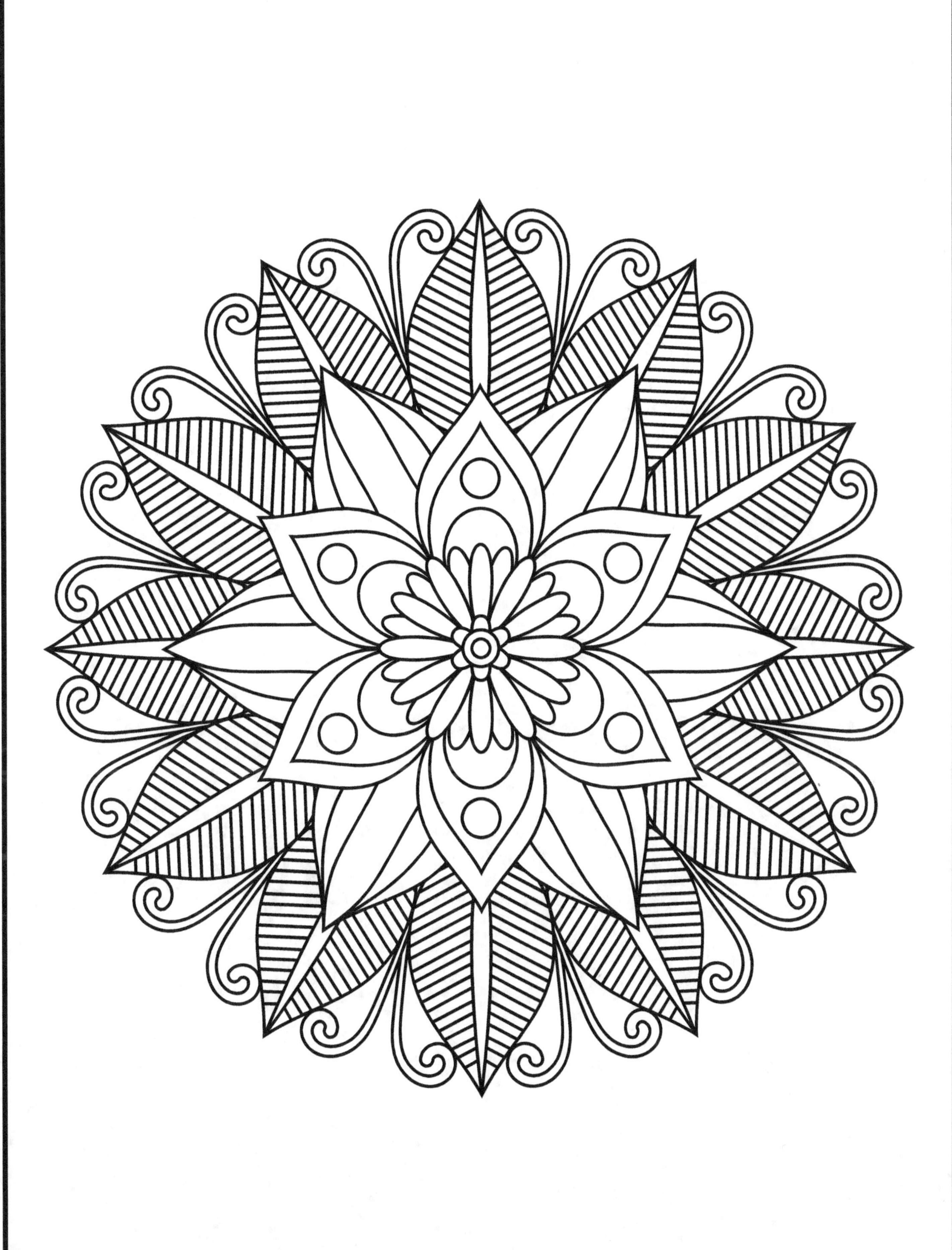

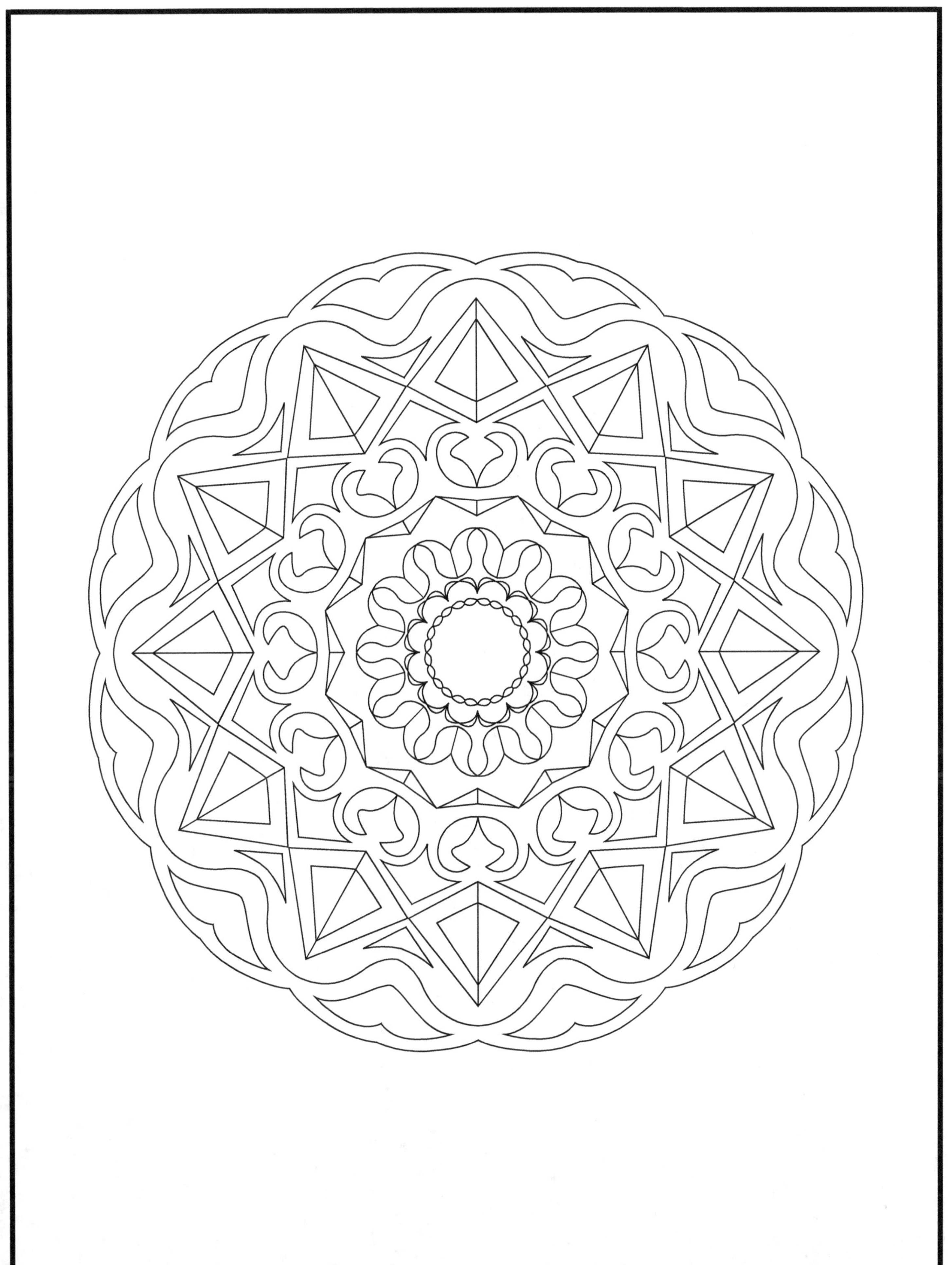

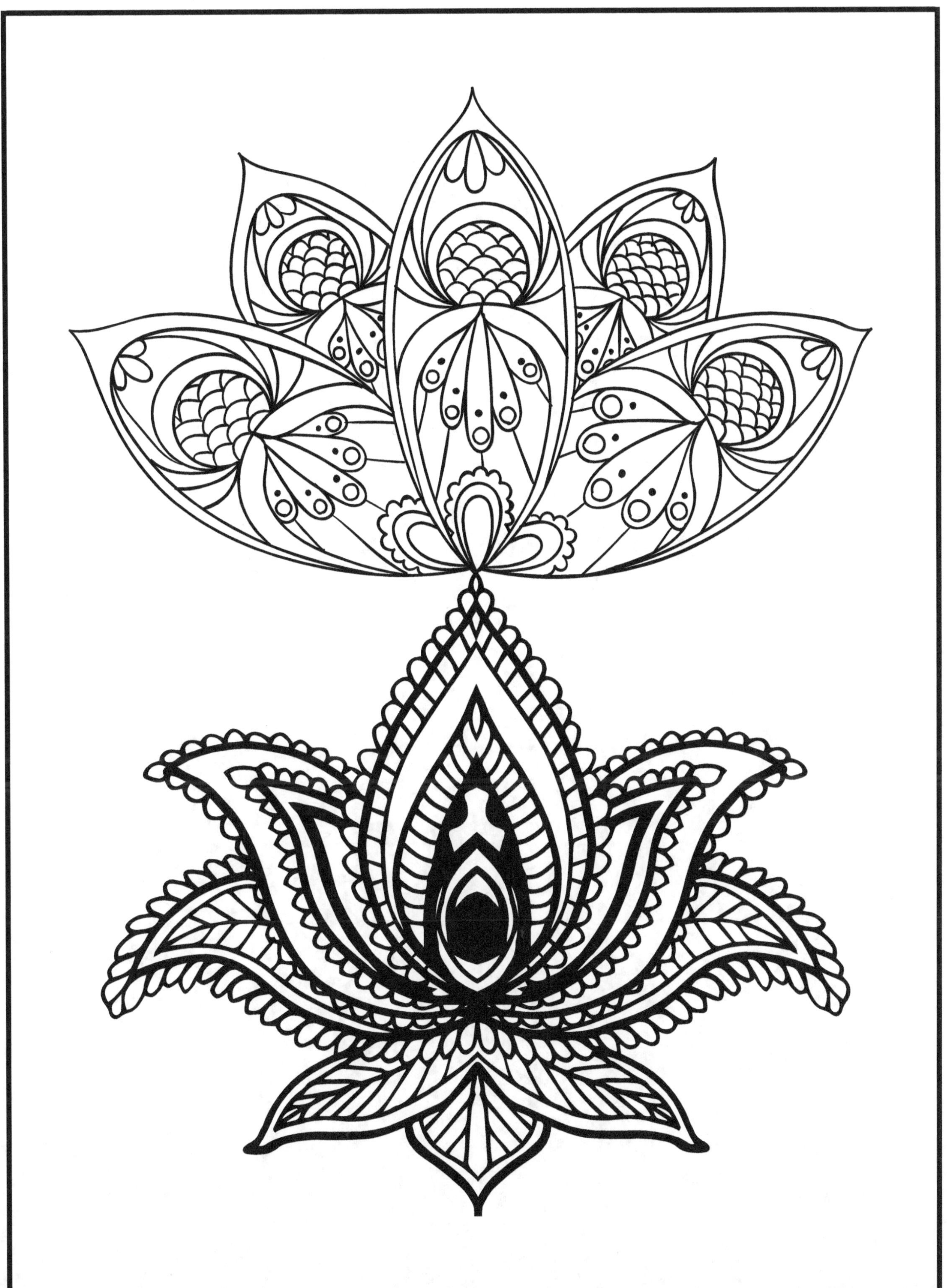

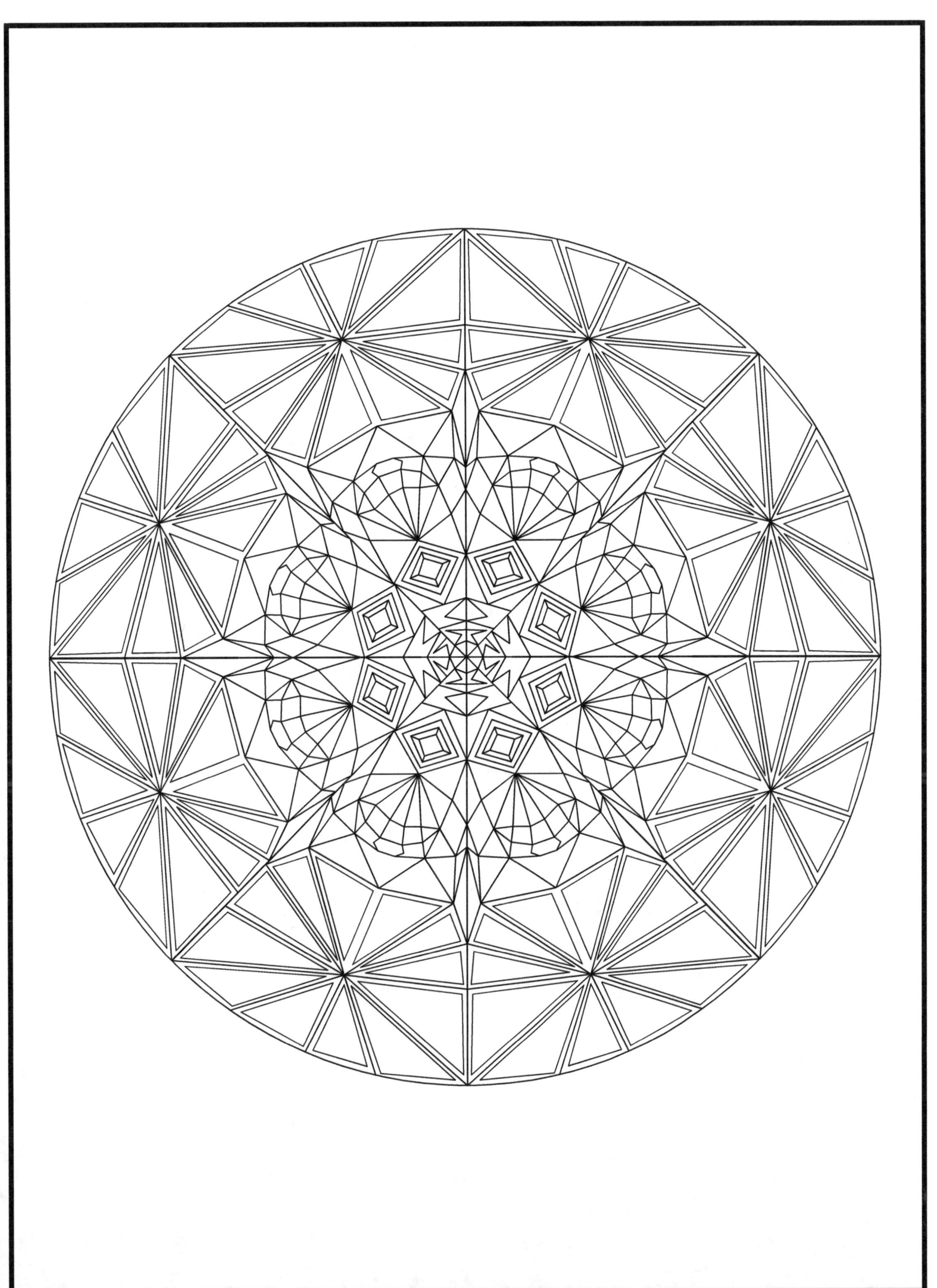

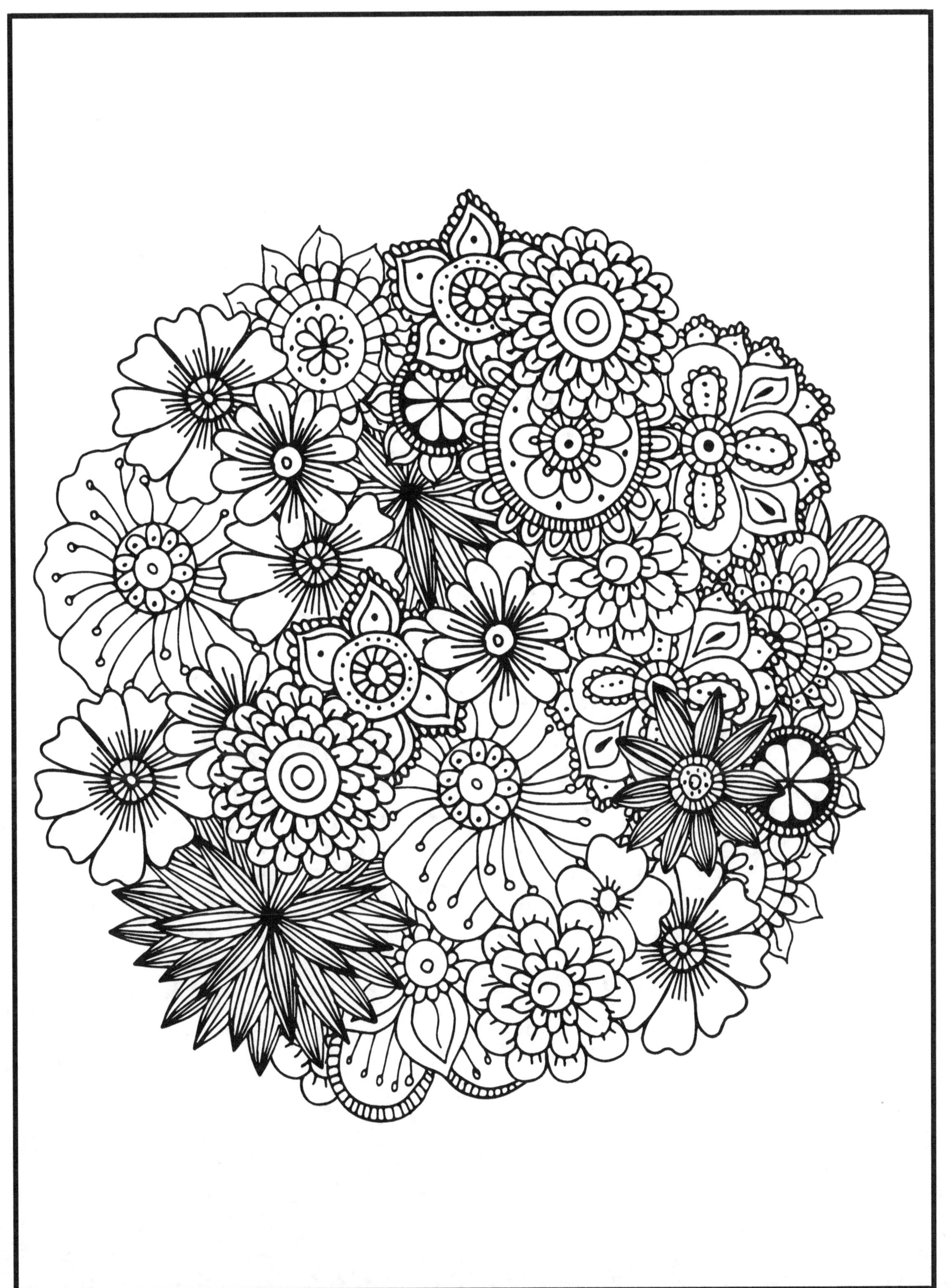

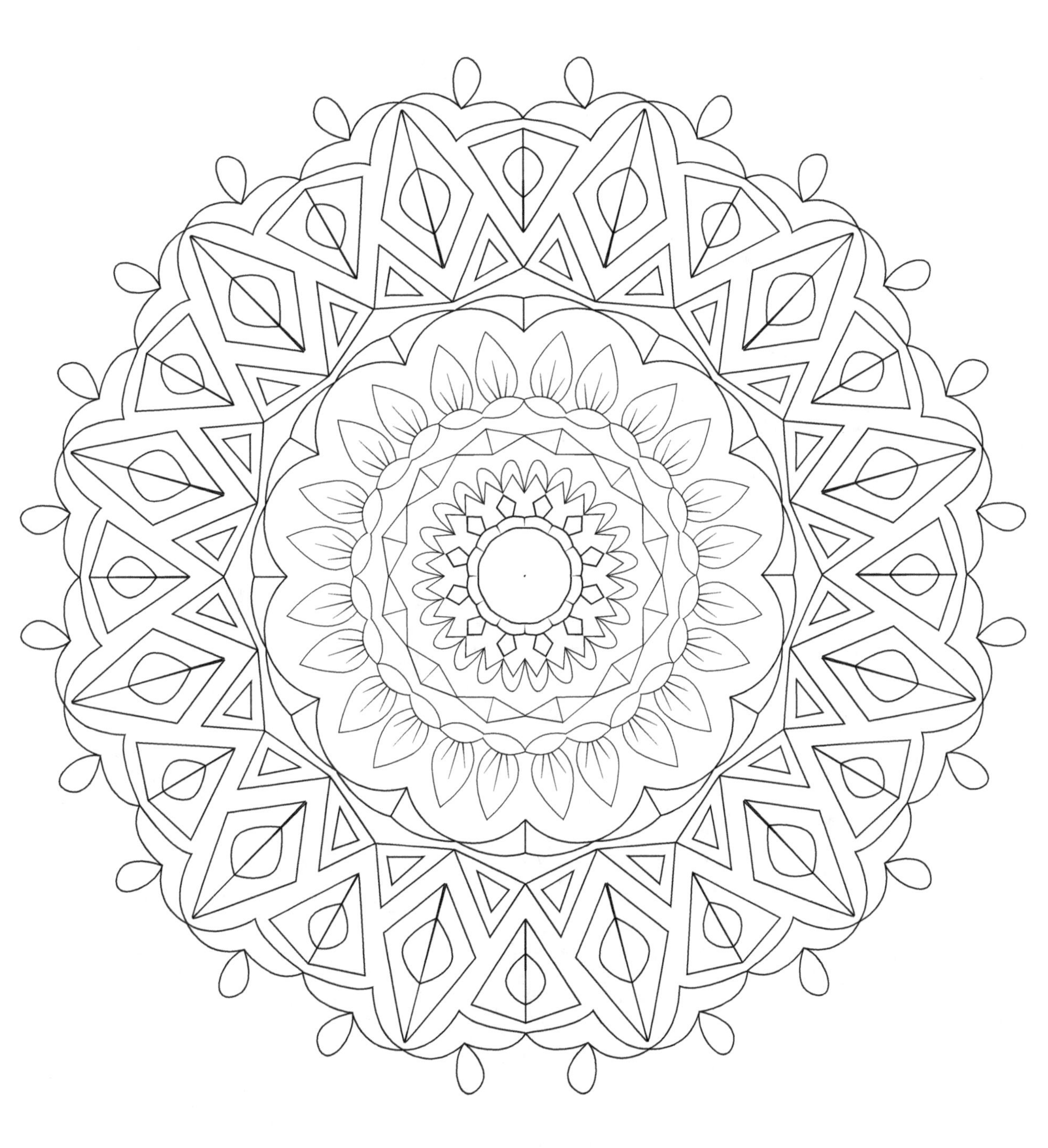

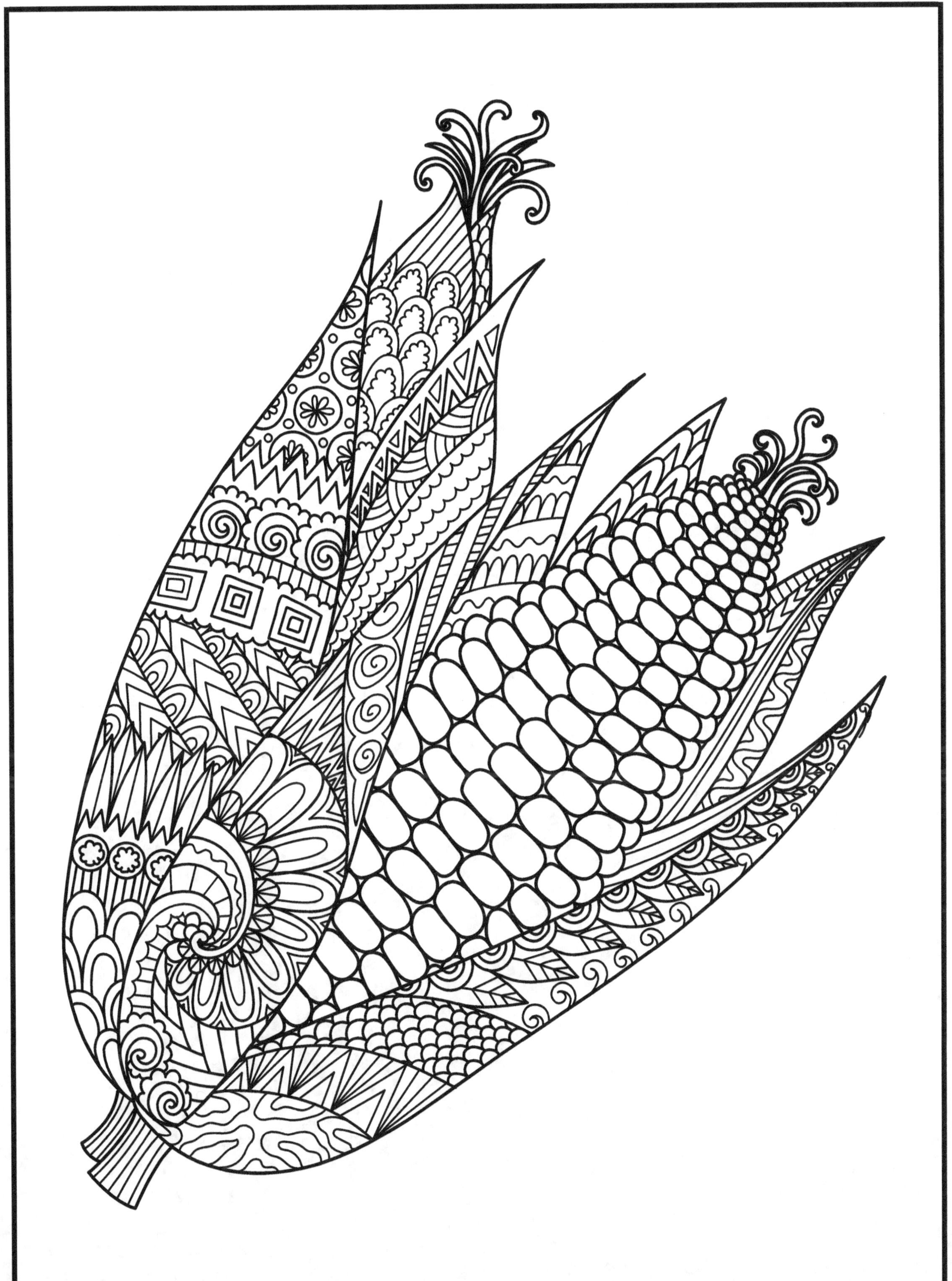

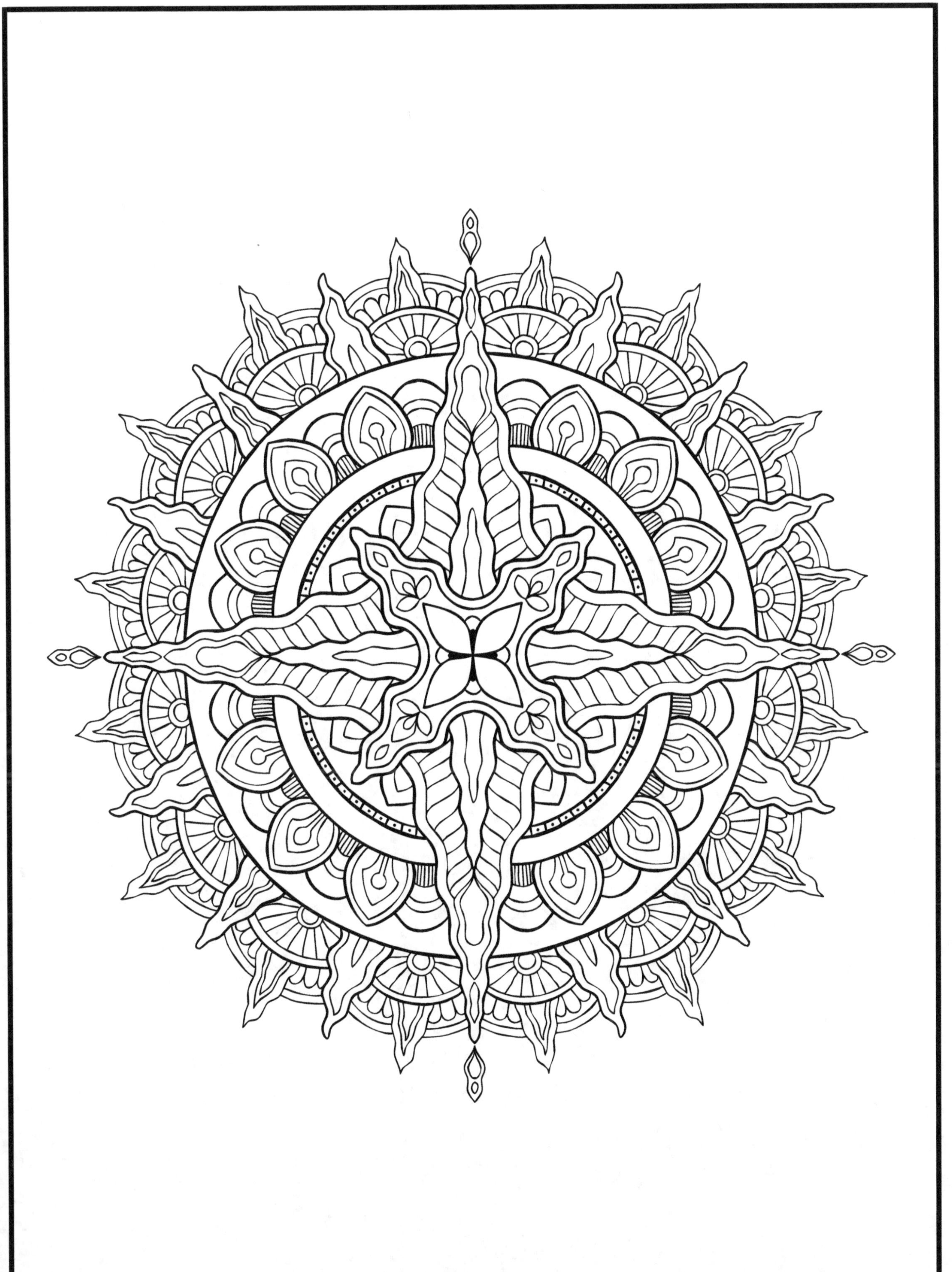

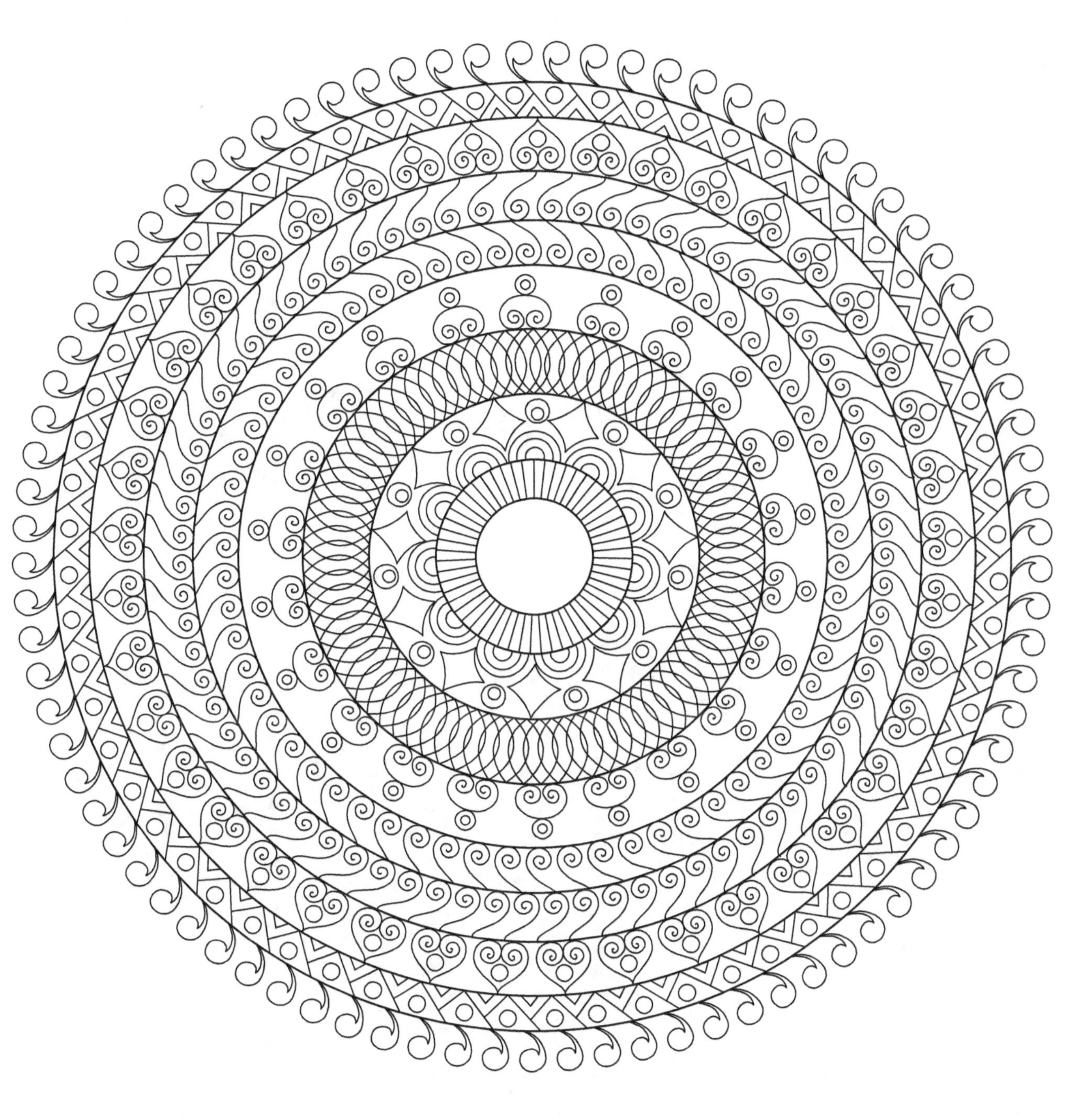

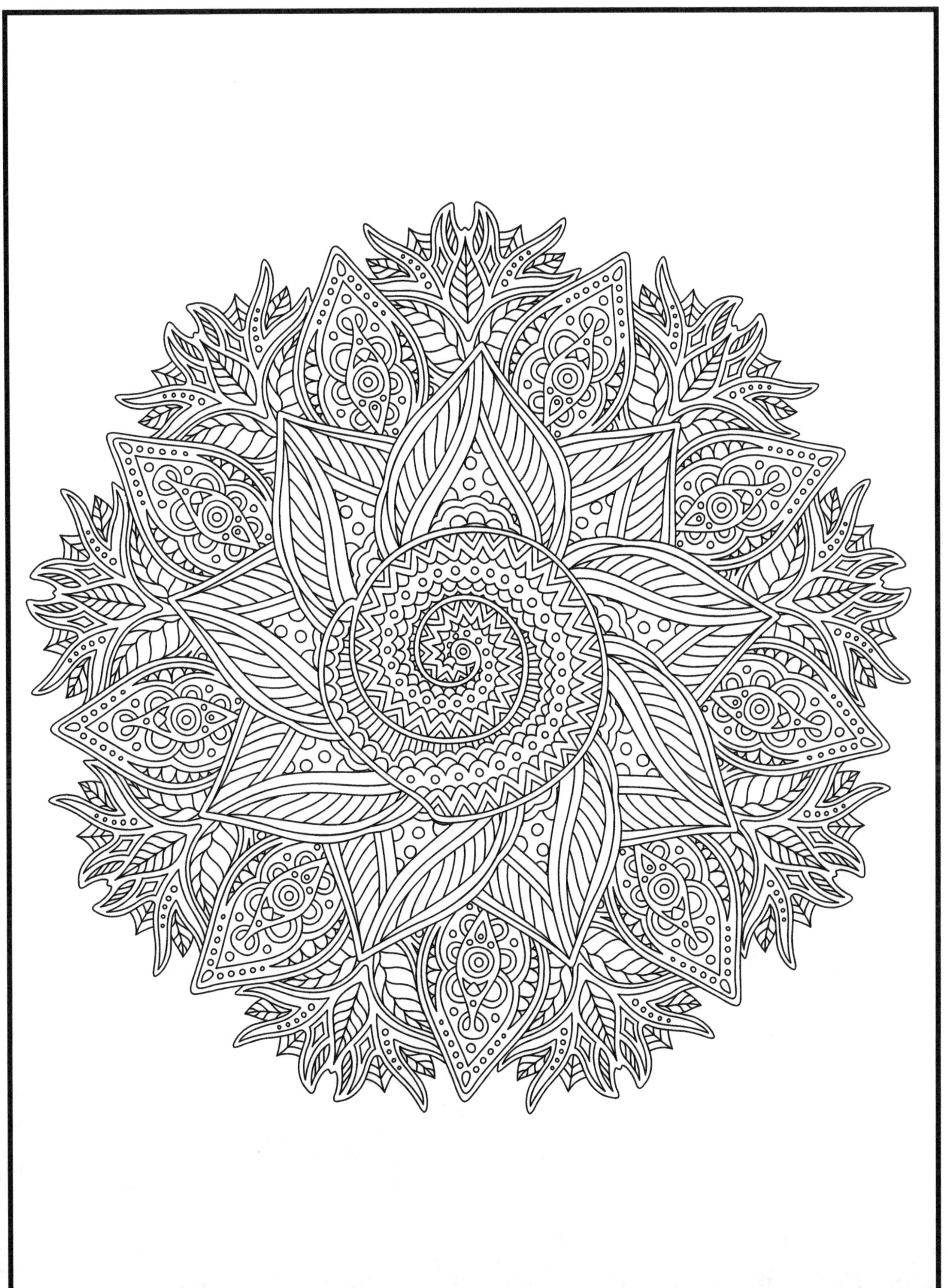

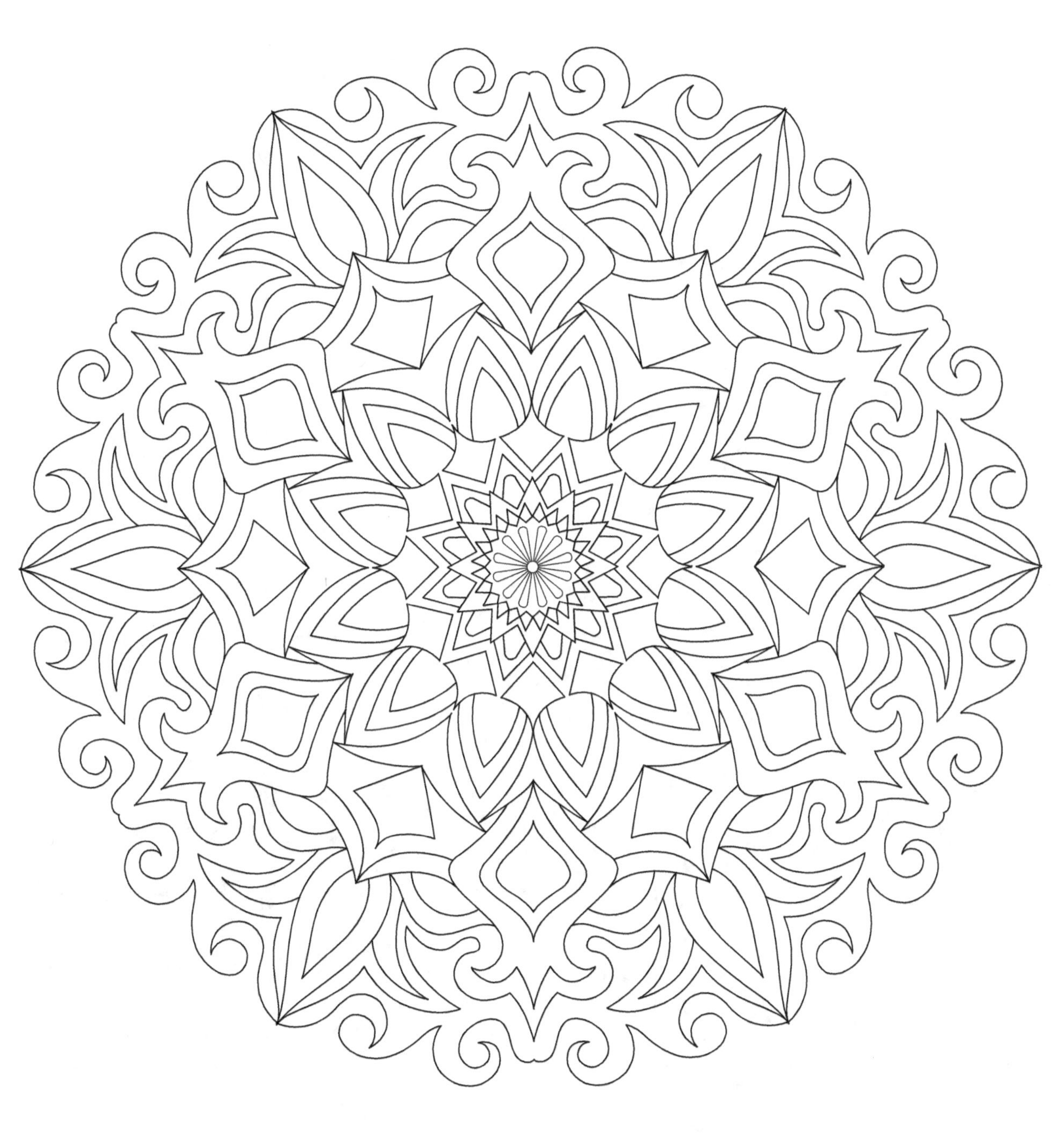